弗布克考核全案系列

绩效考核标准设计全案

定量与定性考核的20大标准

孙宗虎　廖洪雁　著

电子工业出版社
Publishing House of Electronics Industry
北京·BEIJING

内容简介

本书讲解了绩效定量与定性考核的20个标准，回答了绩效考核实操中令考核者头痛的20个问题。这些考核标准的建立，让绩效考核工作者有标可依、有标可参、有标可用，解决了其在绩效考核具体执行中遇到的一些问题。

本书适合企业管理人员（如人力资源管理人员及企业培训管理人员等）和高校管理专业师生使用。

未经许可，不得以任何方式复制或抄袭本书之部分或全部内容。
版权所有，侵权必究。

图书在版编目（CIP）数据

绩效考核标准设计全案：定量与定性考核的20大标准 / 孙宗虎，廖洪雁著. — 北京：电子工业出版社，2024.1
（弗布克考核全案系列）
ISBN 978-7-121-46909-1

Ⅰ.①绩… Ⅱ.①孙… ②廖… Ⅲ.①企业绩效－企业管理－标准设计 Ⅳ.①F272.5

中国国家版本馆CIP数据核字（2023）第244098号

责任编辑：张　毅
印　　刷：三河市鑫金马印装有限公司
装　　订：三河市鑫金马印装有限公司
出版发行：电子工业出版社
　　　　　北京市海淀区万寿路173信箱　邮编：100036
开　　本：787×1092　1/16　印张：15.5　字数：276千字
版　　次：2024年1月第1版
印　　次：2024年1月第1次印刷
定　　价：89.00元

凡所购买电子工业出版社图书有缺损问题，请向购买书店调换。若书店售缺，请与本社发行部联系，联系及邮购电话：（010）88254888，88258888。
质量投诉请发邮件至zlts@phei.com.cn，盗版侵权举报请发邮件至dbqq@phei.com.cn。
本书咨询联系方式：（010）68161512，meidipub@phei.com.cn。

推荐序

定标准，定规则，定方案

当我们谈及绩效考核的时候，定性考核与定量考核都是绩效考核设计者无法回避的话题。不管是定性考核还是定量考核，抑或是定性加定量考核，都需要绩效考核设计者定标准，定规则，定方案。

绩效考核的"三定"，涉及的问题和细节众多，本书就回答了这"三定"过程中的10大问题并确定了20大标准。

定性考核，作为绩效评价的重要手段之一，强调员工在工作中所表现出的素质和能力。

定性考核可以全面地评价员工的专业技能、沟通能力、团队协作精神以及对工作的热情和责任感，更好地了解员工的实际表现，发现其优点和不足，从而有针对性地提供指导和支持，促进员工的全面发展。

尽管将定性考核转化为定量考核可能会存在一定的主观性和误差，但是将定性考核转化为定量考核可以提供更具客观性的评估方式。定性考核的量化是一门技术，需要一系列的标准和规则，本书正提供了这方面的一些转化建议。

定量考核通过数据和指标来评估员工的工作绩效，例如销售额、完成项目的数量和质量、工作效率等。定量考核能够客观地呈现员工的工作成果，为管理者提供了可量化的参考依据，有助于其制定激励措施和资源分配决策。

综合考虑定性和定量考核的结果，能够更全面地评价员工的工作表现，并为个人的职业发展和组织的整体目标的达成提供有力支持。

因此，我们应该充分结合定性和定量考核两种方式，建立科学、公正的绩效评价体系，激励员工持续进步，推动组织持续发展。

怎么选、怎么设、怎么考、怎么变、怎么算、怎么排、怎么评、怎么写、怎么办、怎么做，本书通过回答这10大问题，确定了20个考核标准，对定性考核和定量考核的考核标准、考核方法、考核操作进行一一讲解，关注操作细节，解决具体问题，定规则，定标准，定方案，是一本绩效考核的细节指导书、标准指导书、规则指导书！

通过回答这10大问题，本书确定了20大规则，形成了20大标准，构成了20大方案，为绩效考核的具体实施和绩效考核的落实以及绩效考核的信息化、数字化提供了可借鉴的规则、规范、规程。希望本书能为您的具体工作提供有益的帮助！

北汽福田副总裁、资深实战人力资源管理专家　潘平
2024年1月于北京

前　言

在过去的18年里，弗布克管理咨询中心（简称弗布克）为多家企业提供了绩效考核咨询服务。如今，弗布克团队把这18年在咨询项目中遇到的绩效考核问题、解决方案和经验总结汇聚成本书，形成了可供参考的通用绩效考核标准体系，以飨读者。

绩效考核工作是绩效管理体系建设的关键内容，也是人力资源管理工作的难点之一。考核什么指标？怎么考核？依据什么考核？定量的怎么考核？定性的怎么考核？加减分项如何设计？权重设计有何标准？目标值和指标值如何设计？考核周期如何设计？考核的分值如何设计？考核指标调整时的依据是什么？考核结果到底应该设几个等级？临时的工作如何计入考核？项目如何考核？本书将一一解答。

本书以绩效考核标准体系设计为目标，讲述了工作计划描述标准、工作总结描述标准、指标量化标准、指标行业标准、指标选取标准、指标数量标准、指标目标值设定标准、指标权重设计标准、考核周期标准、考核数据来源标准、指标考核细则标准、其他工作事项考核标准、加减分项设计标准、指标分值赋值标准、动态指标处理标准、指标目标值变动标准、指标权重变化标准、考核结果等级标准、考核评审标准及自评与审核差值标准等20大绩效考核标准的精细化设计。

有了这些标准和细则，绩效考核工作就有标准可参照，有细则可依据。我们建议在设计绩效考核标准时应根据这些标准和细则，针对每项业务、每个部门、每个项目、每个战略目标，制定详细的绩效考核细则手册，协同本部门、考核部门、财务部门，将绩效考核工作做实、做细、做好，以实现激励的目的。

非常感谢过去18年里每位读者对弗布克实务图书的支持以及提出的宝贵意见！您的反馈和意见已经被弗布克考虑并部分采纳，欢迎您继续提出宝贵的意见，以供编者下次修订时改进。您的支持会让弗布克做得更好，走得更远。再次感谢！

孙宗虎
2024年1月

目　　录

01 第1章
绩效考核标准体系如何构建

1.1　构面：绩效考核标准体系的9标1项　　002
　　1.1.1　怎么选：指标的标准　　002
　　1.1.2　怎么设：目标的标准　　003
　　1.1.3　怎么考：细则的标准　　004
　　1.1.4　怎么变：变化的标准　　004
　　1.1.5　怎么算：加减分标准　　006
　　1.1.6　怎么排：等级的标准　　007
　　1.1.7　怎么评：评审的标准　　008
　　1.1.8　怎么写：计划的标准　　008
　　1.1.9　怎么办：考核的标准　　009
　　1.1.10　怎么做：项目的考核　　010
1.2　画线：绩效考核标准体系的3维1动　　010
　　1.2.1　从工作计划的维度　　010
　　1.2.2　从KPI指标的维度　　011
　　1.2.3　从加减分项的维度　　011
　　1.2.4　对动态指标的处理　　012
1.3　找点：绩效考核标准体系的3问1强　　013

- 1.3.1 临时事项怎么考 　　013
- 1.3.2 其他工作怎么考 　　013
- 1.3.3 项目工作怎么考 　　013
- 1.3.4 应如何强制分布 　　014

第 2 章 工作计划如何关联绩效：工作计划描述标准

- 2.1 工作计划要素 　　016
  - 2.1.1 计划目标 　　016
  - 2.1.2 计划措施 　　017
  - 2.1.3 考核设计 　　017
- 2.2 目标描述标准 　　018
  - 2.2.1 量化目标 　　018
  - 2.2.2 非量化目标 　　018
  - 2.2.3 项目目标 　　019
- 2.3 措施描述标准 　　019
  - 2.3.1 措施描述原则 　　019
  - 2.3.2 措施描述失误点 　　020
  - 2.3.3 措施描述示例 　　021
- 2.4 常用句式 　　022
  - 2.4.1 目标常用句式 　　022
  - 2.4.2 措施常用句式 　　022
  - 2.4.3 工作计划示例 　　023
- 2.5 工作计划关联绩效基本法 　　024
  - 2.5.1 应注意的 3 个问题 　　024
  - 2.5.2 应关注的 3 个关键点 　　024
- —基本法— 　　024

第 3 章
工作总结如何体现绩效：工作总结描述标准

- 3.1 工作总结要素 　　028
  - 3.1.1 总结已开展工作 　　028
  - 3.1.2 总结目标完成情况 　　028
  - 3.1.3 考核要求 　　028
- 3.2 工作总结描述标准 　　029
  - 3.2.1 工作总结描述原则 　　029
  - 3.2.2 工作总结描述失误点 　　030
- 3.3 常用句式 　　031
  - 3.3.1 工作总结常用句式 　　031
  - 3.3.2 工作总结示例 　　031
- 3.4 提报审核要求 　　032
  - 3.4.1 工作总结提报程序 　　032
  - 3.4.2 工作总结审核标准 　　033
- 3.5 工作总结体现绩效基本法 　　033
  - 3.5.1 应规范的 3 个事项 　　033
  - 3.5.2 应注意的 3 个问题 　　034
- —基本法— 　　034

第 4 章
考核指标如何量化：指标量化标准

- 4.1 定量指标 　　036
  - 4.1.1 指标量化范围 　　036
  - 4.1.2 指标量化维度 　　036
  - 4.1.3 指标量化方法 　　037
- 4.2 定性指标 　　038
  - 4.2.1 定性指标范围 　　038
  - 4.2.2 定性指标考核难点 　　039

4.2.3　定性指标描述方法　　　　　　　　　040
4.3　定性指标量化方法　　　　　　　　　　　　041
　　　4.3.1　项目量化法　　　　　　　　　　　041
　　　4.3.2　复合分解法　　　　　　　　　　　041
4.4　考核指标量化基本法　　　　　　　　　　　042
　　　4.4.1　应避免的3个误区　　　　　　　　042
　　　4.4.2　应注意的3个问题　　　　　　　　043
—基本法—　　　　　　　　　　　　　　　　　044

第5章 行业标杆如何选取：行业标准选择

5.1　指标对比维度　　　　　　　　　　　　　　046
　　　5.1.1　战略目标维度　　　　　　　　　　046
　　　5.1.2　业务领域维度　　　　　　　　　　047
　　　5.1.3　市场环境维度　　　　　　　　　　048
5.2　横向设计维度　　　　　　　　　　　　　　048
　　　5.2.1　选取行业标杆　　　　　　　　　　048
　　　5.2.2　分析行业标杆　　　　　　　　　　049
　　　5.2.3　选择行业标准　　　　　　　　　　050
5.3　纵向设计维度　　　　　　　　　　　　　　051
　　　5.3.1　自身发展趋势　　　　　　　　　　051
　　　5.3.2　历史水平比较　　　　　　　　　　052
　　　5.3.3　环境、季节影响　　　　　　　　　053
5.4　行业标准数据库　　　　　　　　　　　　　053
　　　5.4.1　数据库数据来源　　　　　　　　　053
　　　5.4.2　数据库构建方法　　　　　　　　　054
　　　5.4.3　数据库运营和应用　　　　　　　　055
5.5　行业标准选择基本法　　　　　　　　　　　056
　　　5.5.1　应规范的3个事项　　　　　　　　056
　　　5.5.2　应关注的3个关键点　　　　　　　056
—基本法—　　　　　　　　　　　　　　　　　057

第 6 章 应该考核什么：指标选取标准

- 6.1 指标选取依据 ... 060
  - 6.1.1 基于战略目标 ... 060
  - 6.1.2 基于平衡计分卡 ... 060
  - 6.1.3 基于部门职能和岗位职责 ... 062
  - 6.1.4 基于业务流程控制关键点 ... 063
- 6.2 指标选取维度 ... 064
  - 6.2.1 业务达成维度 ... 064
  - 6.2.2 业务提升维度 ... 065
  - 6.2.3 价值创造维度 ... 066
  - 6.2.4 未来导向维度 ... 067
  - 6.2.5 领导要求维度 ... 067
- 6.3 指标选取例外情况 ... 068
  - 6.3.1 例外原则 ... 068
  - 6.3.2 例外情况示例 ... 069
- 6.4 指标选取标准基本法 ... 069
  - 6.4.1 应注意的 3 个问题 ... 069
  - 6.4.2 应规范的 3 个事项 ... 069
- —基本法— ... 070

第 7 章 考核几项合适：指标数量标准

- 7.1 指标数量标准 ... 072
  - 7.1.1 指标数量范围 ... 072
  - 7.1.2 指标数量异常 ... 072
  - 7.1.3 例外情况 ... 073
- 7.2 指标数量标准基本法 ... 074
  - 7.2.1 应规范的 2 个事项 ... 074

	7.2.2 应注意的 2 个问题	074
—基本法—		075

第 8 章
目标值设定多少合理：指标目标值设定标准

8.1	目标管理与目标值调整	078
	8.1.1 目标梳理	078
	8.1.2 目标分解	079
	8.1.3 目标确定	080
	8.1.4 目标值调整	080
8.2	目标值设定依据	080
	8.2.1 指标预算值	080
	8.2.2 年度计划值	081
	8.2.3 行业标杆值	081
	8.2.4 历史数据值	082
	8.2.5 自行设定目标值	082
8.3	指标目标库建设	083
	8.3.1 目标库设计	083
	8.3.2 目标库更新	084
	8.3.3 目标库应用	084
8.4	目标值设定基本法	084
	8.4.1 应注意的 4 个问题	084
	8.4.2 应避免的 3 种情况	085
—基本法—		085

09 第 9 章
权重应该如何设计：指标权重设计标准

- 9.1 指标权重分配标准 ... 088
  - 9.1.1 指标权重设置一般标准 ... 088
  - 9.1.2 指标权重分配标准 ... 088
- 9.2 指标权重设计方法 ... 090
  - 9.2.1 主观经验法 ... 090
  - 9.2.2 权值因子法 ... 090
  - 9.2.3 德尔菲法 ... 092
- 9.3 指标权重例外情况 ... 094
  - 9.3.1 例外原则 ... 094
  - 9.3.2 例外情况示例 ... 094
- 9.4 指标权重设计基本法 ... 095
  - 9.4.1 应避免的 4 种情况 ... 095
  - 9.4.2 应规范的 3 个事项 ... 095
- —基本法— ... 096

10 第 10 章
年度、季度还是月度：考核周期标准

- 10.1 年度考核 ... 098
  - 10.1.1 适用对象 ... 098
  - 10.1.2 指标特点 ... 098
- 10.2 季度考核 ... 099
  - 10.2.1 适用对象 ... 099
  - 10.2.2 指标特点 ... 099
- 10.3 月度考核 ... 100
  - 10.3.1 适用对象 ... 100
  - 10.3.2 指标特点 ... 100

10.4 考核周期设计 　　　　　　　　　　　　　　　　101
　　10.4.1 考核周期设计依据 　　　　　　　　　　　101
　　10.4.2 月、季、年周期结合 　　　　　　　　　　101
10.5 考核周期设计基本法 　　　　　　　　　　　　　102
　　10.5.1 应注意的 3 个问题 　　　　　　　　　　　102
—基本法— 　　　　　　　　　　　　　　　　　　　103

第 11 章
依据什么证明绩效：考核数据来源标准

11.1 考核数据来源渠道 　　　　　　　　　　　　　　106
　　11.1.1 被考核者及其上级 　　　　　　　　　　　106
　　11.1.2 被考核者同级或下级 　　　　　　　　　　106
　　11.1.3 客户反馈 　　　　　　　　　　　　　　　107
　　11.1.4 纯第三方数据 　　　　　　　　　　　　　107
11.2 考核数据采用原则 　　　　　　　　　　　　　　108
　　11.2.1 优先原则 　　　　　　　　　　　　　　　108
　　11.2.2 无效原则 　　　　　　　　　　　　　　　108
11.3 考核数据搜集方式 　　　　　　　　　　　　　　109
　　11.3.1 线下方式 　　　　　　　　　　　　　　　109
　　11.3.2 线上方式 　　　　　　　　　　　　　　　109
11.4 考核数据来源要求 　　　　　　　　　　　　　　110
　　11.4.1 责任部门及责任人 　　　　　　　　　　　110
　　11.4.2 数据提交时间 　　　　　　　　　　　　　110
　　11.4.3 数据统计口径 　　　　　　　　　　　　　110
　　11.4.4 数据来源依据表 　　　　　　　　　　　　112
11.5 考核数据来源基本法 　　　　　　　　　　　　　112
　　11.5.1 应关注的 4 个关键点 　　　　　　　　　　112
　　11.5.2 应防范的 3 种情况 　　　　　　　　　　　113
—基本法— 　　　　　　　　　　　　　　　　　　　113

第 12 章
最好设定详细的标准：指标考核细则标准

12.1 指标考核细则编制标准	116
12.1.1 数量标准	116
12.1.2 量化标准	116
12.1.3 描述标准	117
12.2 定量指标考核细则维度	118
12.2.1 正向考核	118
12.2.2 反向考核	118
12.2.3 考核得分计算	120
12.3 定性指标考核细则维度	121
12.3.1 时间维度	121
12.3.2 质量维度	121
12.3.3 阶段维度	122
12.4 复合指标考核细则编制方法	122
12.4.1 进度质量分解法	122
12.4.2 多指标拆分法	123
12.5 指标考核细则标准基本法	124
12.5.1 应注意的 4 个事项	124
12.5.2 应避免的 3 种情况	124
—基本法—	125

第 13 章
特殊事项处理：其他工作事项考核标准

13.1 其他工作事项考核范围	128
13.1.1 非岗位职责的工作	128
13.1.2 阶段性的临时工作	129
13.1.3 领导安排的其他工作	129

13.2 其他工作事项考核方法　　130
　　13.2.1 考核项目设置　　130
　　13.2.2 考核指标设计　　131
　　13.2.3 考核分值设计　　134
13.3 其他工作事项考核细则　　135
　　13.3.1 按计划考核　　135
　　13.3.2 按反馈考核　　136
　　13.3.3 按关键事件考核　　137
13.4 特殊工作事项处理基本法　　137
　　13.4.1 应避免的 2 种情况　　137
　　13.4.2 应规范的 3 个事项　　138

—基本法—　　139

第 14 章
如何利用加减分项：加减分项设计标准

14.1 加减分项考核设计　　142
　　14.1.1 加减分项考核目的　　142
　　14.1.2 加减分项考核内容　　142
　　14.1.3 加减分项描述标准　　143
14.2 加分项设计维度　　144
　　14.2.1 价值创造　　144
　　14.2.2 成本节约　　145
　　14.2.3 管理创新　　145
　　14.2.4 问题决策　　146
14.3 减分项设计维度　　147
　　14.3.1 偶发性事件　　147
　　14.3.2 风险管理　　148
　　14.3.3 业务连带　　148
　　14.3.4 违规违纪　　149
14.4 否决项设计维度　　150
　　14.4.1 安全事故　　150

	14.4.2　财产损失	151
	14.4.3　特殊关键指标未达成	152
14.5	加减分项设计基本法	152
	14.5.1　应遵循的 3 个原则	152
	14.5.2　应注意的 3 个问题	153
—基本法—		153

第 15 章
分值区间的设计：指标分值赋值标准

15.1	指标分值赋值标准	156
	15.1.1　分值幅度范围	156
	15.1.2　减分赋值标准	156
	15.1.3　加分赋值标准	158
15.2	指标分值赋值例外情况	160
	15.2.1　例外原则	160
	15.2.2　例外情况示例	160
15.3	指标分值赋值基本法	161
	15.3.1　应避免的 3 种情况	161
	15.3.2　应规范的 5 个事项	161
—基本法—		162

第 16 章
变化的考核指标如何处理：动态指标处理标准

16.1	考核指标变更原则	164
	16.1.1　指标变更情形	164
	16.1.2　指标变更时间	164
	16.1.3　指标变更审核	165

16.2 考核模板调整程序　　166
　　16.2.1 确定调整内容　　166
　　16.2.2 沟通确认考核模板　　167
　　16.2.3 审批调整执行　　167
16.3 动态指标处理标准基本法　　168
　　16.3.1 应注意的 3 个问题　　168
　　16.3.2 应规范的 3 个事项　　168
—基本法—　　169

第 17 章　目标值如何变动：指标目标值变动标准

17.1 目标值调整标准　　172
　　17.1.1 目标值调整原则　　172
　　17.1.2 目标值调整情形　　172
　　17.1.3 目标值调整程序　　172
17.2 失常目标值矫正标准　　173
　　17.2.1 失常目标值范围　　173
　　17.2.2 失常目标值矫正方法　　174
17.3 指标目标值变动基本法　　175
　　17.3.1 目标值调整应注意的 3 个问题　　175
　　17.3.2 目标值矫正应关注的 3 个关键点　　176
—基本法—　　176

第 18 章　权重如何调整：指标权重变化标准

18.1 权重动态变化情形　　178
　　18.1.1 权重变化依据　　178

18.1.2　权重调整时机　　　　　　　　　　　　　178
　　　18.1.3　权重调整幅度　　　　　　　　　　　　　178
　18.2　权重动态变化标准　　　　　　　　　　　　　　179
　　　18.2.1　指标权重转移　　　　　　　　　　　　　179
　　　18.2.2　权重增加或减少　　　　　　　　　　　　179
　　　18.2.3　重复考核权重调整　　　　　　　　　　　180
　18.3　权重动态变化程序　　　　　　　　　　　　　　181
　　　18.3.1　申请与设计　　　　　　　　　　　　　　181
　　　18.3.2　审批与执行　　　　　　　　　　　　　　182
　18.4　权重动态变化基本法　　　　　　　　　　　　　183
　　　18.4.1　应避免的 2 种情况　　　　　　　　　　　183
　　　18.4.2　应关注的 2 个关键点　　　　　　　　　　183
　—基本法—　　　　　　　　　　　　　　　　　　　　184

第 19 章
到底如何排位：考核结果等级标准

　19.1　考核结果等级设计　　　　　　　　　　　　　　188
　　　19.1.1　绩效等级划分方法　　　　　　　　　　　188
　　　19.1.2　绩效考核等级分布　　　　　　　　　　　190
　19.2　考核结果等级应用　　　　　　　　　　　　　　191
　　　19.2.1　薪酬应用　　　　　　　　　　　　　　　191
　　　19.2.2　晋升评优　　　　　　　　　　　　　　　192
　　　19.2.3　培训管理　　　　　　　　　　　　　　　194
　　　19.2.4　处罚淘汰　　　　　　　　　　　　　　　194
　19.3　员工绩效排位基本法　　　　　　　　　　　　　195
　　　19.3.1　应关注的 2 个关键点　　　　　　　　　　195
　　　19.3.2　应防范的 2 个风险点　　　　　　　　　　196
　—基本法—　　　　　　　　　　　　　　　　　　　　196

第 20 章
谁对考核结果负责：考核评审标准

20.1　个人自评要求	198
20.1.1　自评标准	198
20.1.2　原因分析及改进措施	199
20.2　上级评价下级标准	200
20.2.1　计划评价标准	200
20.2.2　总结评价标准	201
20.3　战略管理部审核标准	202
20.3.1　年度计划审核标准	202
20.3.2　月度计划审核标准	202
20.3.3　月度总结审核标准	203
20.4　考核评审结果标准	204
20.4.1　战略委员会评价标准	204
20.4.2　考核结果活力曲线	204
20.4.3　考核结果异议处理	206
20.5　考核评审基本法	208
20.5.1　应注意的 3 个问题	208
20.5.2　应关注的 4 个关键点	209
—基本法—	209

第 21 章
考核差值如何处理：自评与审核差值标准

21.1　考核自评失真	212
21.1.1　考核自评失真的产生原因	212
21.1.2　避免考核自评失真的方法	212
21.2　考核审核标准	213
21.2.1　考核审核要求	213
21.2.2　考核审核未过处理	214

21.3 差值矫正标准 … 214
    21.3.1 差值矫正依据 … 214
    21.3.2 差值矫正程序 … 214

21.4 考核差值处理基本法 … 216
    21.4.1 应注意的 4 个维度 … 216
    21.4.2 应关注的 3 个关键点 … 216

—基本法— … 217

第 22 章 项目绩效考核：从两个维度进行

22.1 从时间维度考核 … 220
    22.1.1 项目里程碑考核标准 … 220
    22.1.2 项目进度计划考核标准 … 220
    22.1.3 计划调整的处理标准 … 221

22.2 从质量维度考核 … 223
    22.2.1 阶段成果质量考核标准 … 223
    22.2.2 项目过程质量考核标准 … 223
    22.2.3 考核特殊情况处理标准 … 224

22.3 项目绩效考核基本法 … 225
    22.3.1 应明确的 4 个事项 … 225
    22.3.2 应注意的 3 个关键点 … 226

—基本法— … 226

第1章

绩效考核标准体系

绩效管理是指企业为了实现战略目标，采用科学方法，对部门或员工的工作结果、行为表现、工作态度及综合素质进行全面的测量、分析和评价，通过发现问题、解决问题，不断改善部门或员工行为，提高其工作效率。

那么，绩效考核体系如何设计？绩效考核标准如何确定？各种指标数值和数量如何确定？各种考核依据如何确定？考核数据从哪里来？项目如何考核？

为了回答这些问题，我们设计了9大绩效考核标准体系和1个基于项目的绩效考核体系。

1.1 构面：绩效考核标准体系的9标1项

1.1.1 怎么选：指标的标准

1. 指标量化

能用量化的指标进行考核，就不用描述和定性的指标；能通过某种方法把定性的指标量化，就要用量化后的指标进行考核。对描述性的指标，也要附上量化的区间和指标值，例如，1分是什么描述指标，1～2分和2分又分别是什么描述指标，描述要清晰、明确。总之，应尽量采用量化的方式进行考核和评审，这样便于去除主观成分，使考核结果更加公正。

2. 目标值

绩效考核标准不仅要确定考核的指标，还要确定指标的目标值。首先目标值的设定须符合企业战略目标，各个绩效考核指标的目标值依据预算和年度计划目标值进行确定。当预算和年度计划中不涉及指标的目标值时，企业可以参考战略发展要求、行业标杆、历史数据等对照值进行指标目标值设定。

3. 指标数量

考核指标设置还应遵循一定的数量标准。通常情况下，每个岗位的绩效考核指标数量一般控制在3～6个，这其中不包括加减分项的考核指标数量。关键绩效考核指标的数量一般控制在占总数的60%～80%；辅助绩效考核指标的数量一般控制在占总数的20%～40%。

4. 附加指标

附加指标一般是指以下三种类型的指标：不属于岗位关键绩效指标，但该指标的考核内容属于管理人员关注的、具有协同性或阶段性的工作；符合企业战略目标需要，但动态变化、不易控制，且须重点关注的指标；符合企业管理需要，但是考核数据获取难、评价主观性强的指标。对于附加指标一般不选取作为绩效考核的常项指标，而是放入个人其他重点工作或加减分项中。

若根据考核工作实际情况需要将附加指标选作绩效考核指标，则权重不宜设置过高，一般只赋予5%左右的权重，且需要考虑动态变化、不易把控等相关因素。

附加指标没有明确的数量要求，但不宜过多，以免使考核实施过程更加困难、烦琐。

某些与企业发展关系重大的指标，如安全指标，可以设置一票否决的考核标准。

5. 项目指标

由于企业的日常管理与运营可能会采取项目制的形式，因此绩效考核体系设计也应考虑到项目绩效考核。

除一些特殊的行业领域外，项目制运作在一般企业的经营中经常出现，项目绩效考核的设计应与企业各部门、各岗位绩效考核体系相配套，不能出现重复考核，更不能出现只考核项目或只考核岗位的情况（特殊情况除外）。

从时间维度来看，项目绩效考核通常以项目里程碑和项目进度计划为考核指标；从质量维度来看，项目绩效考核通常以阶段成果质量和项目过程质量为考核指标；从成果维度来看，项目绩效考核应该在规定的时间内取得规定的成果。

1.1.2 怎么设：目标的标准

1. 目标量化

企业在设定目标值时应尽量量化，可以用数字量化、用质量量化、用成本量化、用时间量化、用结果量化、用行动量化、用标准量化。

2. 定性指标的目标值量化

定性指标目标值的设定须进行一定程度的量化、细化和区间化，便于绩效考核的实际操作。企业在设定定性指标目标值时，可采用分解法和描述法。分解法是将定性指标细分成2~3个相对容易考核的定量指标的方法。描述法就是直接描述、分情况描述、分区间描述；要么划清分值，要么区分程度，要么细分情况。要说清、区分清，以便企业在考核时有更清晰的标准。

3. 目标值动态标准

目标值的设定不是一成不变的，应随着内外部各种因素的变化而不断地进行动态调整。目标值变更时，应考虑其变更的原因、时间和审核流程等。例如，淡季与旺季的销售考核指标会有较大的差异，企业需要及时作出调整。

4. 目标值动态变更标准

一些考核指标的目标值会随着时间的推移而产生变化，企业应合理设计此类指标目标值的动态变更幅度。例如，随着企业经营状况的改善，企业总销售额目标值是一个动态值，即每年年销售额都会有一个增长幅度。究竟是每年增长5%~10%合适，还是10%~15%合适，这也需要有一个标准。

1.1.3 怎么考：细则的标准

1. 够细够全

指标考核细则是绩效考核人员进行绩效考核评分的标准。指标考核细则应尽可能全面、详细，涵盖该指标的考核内容、目标值或指标值、考核方法、考核依据；应严谨、清晰，有较强的可操作性。

考核细则的"细"不在于描述语句的多少与详细程度，而在于要全面、具体、准确地说明每个阶段、每个定量指标的每个细则，便于考核者使用。

细则数量不在于"多"。过多、过细的指标考核细则会加重绩效考核人员的考评工作负担，不利于准确、快速地对考核指标进行评分，进而得出考核结果。通常，定量考核指标的考核细则为3~5条，或分成3~5个区间分别描述。

2. 细则成体系

指标考核细则的制定应成体系。这个体系是指，从企业到部门，再到岗位或具体的项目，都要有明确的考核细则。此外，指标考核细则描述也应有标准，同一性质或同一类型的指标应尽量采用相同的指标考核细则。

3. 特殊情况

指标考核细则并不是一成不变的。根据企业绩效管理的实际情况，指标考核细则中的目标值、分值、特殊情况说明等要素都应进行相应的调整、变化与细化。针对考核中可能遇到的一些特殊情况，绩效考核人员应在指标考核细则中进行描述，如适用范围、统计单位等。

1.1.4 怎么变：变化的标准

1. 指标变化

绩效考核指标会随着企业内外部各种因素的变动而发生变化。其变化主要有以下几种情况：①指标的替换，是指现有的指标被新的指标所替代，且被放入指标库中，暂时不被选用；②指标的删除，是指由于脱离企业发展实情，现有的某些指标已经不适合再被用作业绩评价指标而被弃用；③指标的新增，是指企业根据实际情况或对标情况，引入新的考核指标。

2. 权重变化

企业在设定绩效考核指标权重时，其权重值并非一成不变。当个人工作重点或岗位职责发生变化时、部门人员调整时、组织结构或部门职能发生调整和增减时以及业务的结构或领域发生改变时，绩效考核人员都应及时进行绩效考核指标权重的调整，确保绩效考核真实有效。

3. 模板变化

考核指标发生变更后，考核模板也应及时作出调整，包括：①直接涉及具体考核指标项目的内容，如"年度工作目标设定考核表""月/季度评估表"中出现的具体考核指标等；②与考核指标直接相关的绩效考核说明，如在"绩效考核说明"中增加变更指标的原因或指标变更的流程等。

4. 目标值变化

绩效考核指标的目标值须按照一致性、时间性、现实性等原则进行调整。目标值调整的情形包括生产常态变化、相关系数变化、市场环境变化、行业基准变化、技术工艺提高、国家标准变化、集团公司的要求变化等。

5. 权重值变化

指标权重值变化的幅度，原则上应为5的整数倍，在特殊情况下，可以采取其他数值，但须说明理由，且每次调整的幅度上限为10%。权重值增加幅度不宜过大，增加后的指标权重值一般不得高于最关键指标的权重值；权重值减少要注意减少后的指标权重值不得为0。

6. 加减分项变化

为了完善考核指标体系，将无法作为考核指标的偶然性事件、特殊关键因素等考核项目以加减分项的形式纳入考核范畴，这样做可以提高考核工作的完整性和全面性。

加减分项的设计应考虑在特定时期的特定部门、特定岗位的具体情况。当企业进入不同发展阶段或经营状况发生变化时，原本设定的加减分项也可能会发生变化。

例如，在企业发展上升期，技术创新或承担额外工作是企业比较重视的绩效考核加分项；而在企业发展平稳后，是否节约成本和安全生产就成了绩效考核重要的加减分项。

7. 参考依据变化

绩效考核应选择明确规定的参考数据来源，确保绩效考核的客观性、真实性和准确性。参考数据来源包括：①企业经营管理的各类统计数据，如财务数据、销售数据、生产数据、质量数据等；②由企业外部提供的关于行业标杆经营情况的统计数据，如外部调研机构提供的市场调研数据、客户提供的产品或服务反馈数据等。

随着行业变化和企业生产经营状况的改变，当参考数据出现变动时，绩效考核的标准也应随之变动。例如，企业可以将合同规定的生产指标和财务收款情况作为绩效考核依据。

8. 考核者变化

一般情况下，绩效考核采用个人自评和他评相结合的方式。他评的考核者一般为被考核者所在部门的直属上级或更高一级的相关领导，但在对团队、项目或跨部门合作的工作进行考核时，考核者也可以是被考核者的同级或下级。考核者不同，考核标准也会相应地发生变化。

1.1.5 怎么算：加减分标准

1. 加减分项细化

在对相关人员进行加减分项考核设计时，应确保被考核者是认可并接受的，避免发生因设计不当导致多人反对的情况。

具体而言，企业可以从价值创造、成本节约、管理创新和问题解决4个维度，对加分项进行设计；可以从偶发性事件、风险管理、业务连带和违规违纪4个维度，对减分项进行设计；而否决项可分为安全事故、财产损失和特殊关键指标未达成3个维度。

2. 加减分项说明

加减分项考核的内容包括所有影响企业目标实现的突发事件、不做日常考核的重大事件以及对企业品牌形象具有一定影响的各类事件等。加减分项考核的内容描述要明确、清晰，要具体到事件、个人、数量以及对企业产生影响的估值等。考核内容应尽可能量化，不能模棱两可，更不能产生歧义。

3. 加减分值设定

在对考核内容进行具体描述的同时，应根据考核内容对企业或部门产生影响的轻重程度，设置加减分分值。例如，在技术创新等方面有重大突破，给企业带来巨大利益的，设定指标值时应提高加分分值；在重大安全事故等方面给企业造成巨大财产损失或人员伤亡的，设定指标值时应提高减分分值，甚至设置为一票否决指标。一般而言，加减分项条数不宜设置过多，分值不宜设置过高或过低。

4. 加减分区间设定

在进行加减分考核项目设计时，企业还应以被考核者的工作行为给企业或部门造成的影响程度为标准，设置相应的加减分分值区间（如1~4分）。以各部门制度、标准、流程覆盖不到位的减分标准为例，每出现一次因制度缺失、关键节点监控不到位，而给企业造成不良影响的情况，视轻重程度减分。

1.1.6 怎么排：等级的标准

1. 按照分值定级

绩效等级是根据企业绩效考核的实际需要对员工绩效评估结果划分的层级。企业员工绩效等级的划分与绩效指标、绩效指标考核标准、绩效考核方式等相关。

分值定级法是以绩效考核结果的分值为划分基准，确定考核结果等级的方法。首先，这种方法要求除个别等级外，其他各个等级分值区间的长度是相等的；其次，各等级划分分值区间的一端须能取到端点值。在一般情况下，绩效等级可分为3~5个等级，如优秀、良好、合格、待改进、不合格等。如果级别较少，则不能对员工绩效进行准确的区分，难以对员工进行有效的激励；如果级别较多，则对绩效考核执行的要求较高，容易引发企业内部矛盾。

2. 强制分布定级

强制分布定级法是将员工绩效考核结果从高到低排序，然后根据既定比例强制划分绩效等级的方法。该方法适用于考核人数较多时的绩效考核结果分级，以及相似职位或相同岗位员工的绩效考核结果分级；不适用于不同部门或不同岗位员工的绩效考核结果等级划分。强制分布定级法的实施须以科学、规范的绩效考核体系为依托，并要求绩效考核人员严格照章考核，避免末级员工因感到不公平而产生消极情绪。

3. 强制分布分值综合定级

强制分布分值综合定级法是将分值定级法与强制分布定级法进行综合运用的方法，即通过分数范围对考核等级进行规定，并通过强制排序确定各级人员的比例。例如，某企业的绩效等级分为优秀、良好、合格、不合格等4个等级；同时，各部门中各等级的员工比例要求为：优秀20%，良好35%，合格35%，不合格10%。

1.1.7　怎么评：评审的标准

1. 对比工作计划

在每个考核周期的最后，员工根据月度/年度计划目标，结合实际完成情况，进行客观、公正的个人自评。员工需要自评的内容包括：是否在规定的时间、进度中执行任务，并且在规定期限内完成工作；以出错数量、通过率、满意度等指标，来评判自己完成的工作成果是否达到企业质量要求。

2. 对比其他部门

除被考核者个人自评外，一般被考核者的直属上级或更高一级的企业战略管理层领导会对被考核者进行绩效考核评审。作为上级领导，他们在考核员工工作业绩时，会进行横向比较，对比不同部门的情况。对团队、项目或跨部门合作的工作的考核，考核者可以是被考核者的同级或下级，他们也会将被考核者所在部门和自己部门的工作进行比较，以此作为绩效评审的依据。

3. 对比不同业务

在对某些部门主管的绩效考核中，考核者可能是更高一级的企业战略管理层领导或分管业务的副总裁。在对不同业务部门进行绩效考核评审的过程中，考核者会对不同部门的业务的开展情况进行对比评价，以此作为被考核者绩效考核评审的依据。

1.1.8　怎么写：计划的标准

1. 工作计划要素的标准

工作计划要素包括计划目标、计划措施和考核设计。并且各个要素的制定必须全面，与绩效有效关联，且要符合一定的标准。

2. 目标描述的标准

工作计划的目标描述必须做到：量化目标值应为具体数字或百分比，并明确统一计量单位；非量化目标描述要清晰、简练，应包含5W1H要素，即明确目标的目的（Why）、完成的时间（When）、完成的内容（What）、完成的地点（Where）、完成的人员（Who），以及具体的方法（How）；对项目目标的描述要清晰、简练，须明确描述与项目进度、质量相关的各个要素。

3. 考核设计的标准

考核设计包含考核职责设计和考核内容设计。在考核职责设计中，必须明确由哪些部门、哪些职位负责执行工作计划的考核；考核内容设计须明确有关时间限定的规定。

1.1.9 怎么办：考核的标准

1. 数据来源不一致

绩效考核人员依据的数据来源通常包括：①上报的工作计划和工作总结（应经相关领导审核通过后才能作为考核依据）；②相关工作过程的记录（应经考核者或绩效考核部门审核通过后才能作为考核依据）；③被考核者上级的批示、反馈、评估意见等（应有相关事件、资料或数据记录予以佐证支持）。此外，客户反馈和纯第三方数据也可以作为绩效考核的依据。当不同的考核者掌握的数据来源不一致时，对同一个被考核者的评判结果就会出现不一致的情况，因此应尽量统一数据采集的标准，不同考核者采用相同的数据采集标准作为考核依据。

2. 考核依据不一致

当不同的考核者采用不同的考核依据，对同一个被考核者进行评判时，就会造成考核结果的差异。例如，由于所采用的考核依据各不相同，被考核者的自评、同级或下级的他评以及部门主管的评审这三种考核结果之间，就会出现很大的差异。因此，企业人力资源管理部应在不同层级考核者的考核结果的基础上进行综合评价，以此作为对被考核者的最终评价。

1.1.10 怎么做：项目的考核

1. 里程碑

企业绩效考核人员在对项目进行考核时，通常根据项目里程碑节点来设计相应的考核细则或标准。

2. 项目进度计划

考核人员根据项目的不同推进阶段，进行阶段性考核。

3. 阶段成果质量

考核人员根据项目阶段性成果，对项目进行绩效考核。

4. 项目过程质量

考核人员在项目进行的过程中，根据项目计划中规定的项目质量标准，对项目进行过程质量考核。

1.2 画线：绩效考核标准体系的 3 维 1 动

1.2.1 从工作计划的维度

1. 轻重缓急

在通常情况下，企业工作计划考核的主管部门应设在战略管理部或者人力资源管理部，制订考核工作计划的岗位为企业经理或总监级别及以上的中高层管理人员。在设计考核内容时，应该结合企业发展战略目标和部门发展目标，按照业务发展的轻重缓急，挑选当前较重要的考核指标，设置适合当前实际情况的考核目标值，制订出一个能考核被考核者的工作计划。

2. 5W1H

在设计工作计划时，考核者应按照5W1H方法，具体描述考核指标的考核对象（What）、考核地点（Where）、考核时间（When）、考核者（Who）、考核目的（Why），以及如何考核（How）。应尽量用量化的方式进行描述，对于无法量化的定性目标，应尽量通过分解转化为量化指标进行描述。

3. 领导交办的其他工作要详细描述

由于企业所面临的环境或员工的工作环境发生变化，有时领导为了能及时、有效地应对相关变化，会根据工作的实际需要，临时安排某些员工完成某些工作，以降低变化带来的风险。在对这部分员工进行考核时，企业绩效考核人员须对这部分员工此类工作的完成情况进行考核，以准确、全面地掌握员工的工作绩效情况。

1.2.2 从KPI指标的维度

1. 几个指标

通常情况下，每个岗位的关键绩效考核指标的数量应该控制在3～4个。如果数量过多，就谈不上是关键绩效考核指标了。

2. 如何设置

什么样的指标是关键绩效考核指标？关键绩效考核指标如何挑选？与目标达成相关的、与价值创造直接相关的以及与关键成果达成密切相关的指标，这些都可以作为关键绩效考核指标。

3. 指标动态调整

关键绩效考核指标的动态调整，既包括指标的调整，也包括指标权重的调整。关键绩效考核指标及其权重不是一成不变的，而是可以根据实际情况进行动态调整的。当一个关键绩效考核指标的权重被调整到和其他的考核指标权重相同的时候，它也就不再具有关键绩效考核指标的意义。

4. 是否都是量化指标

关键绩效考核指标不一定都是量化指标，定性指标也有可能是关键绩效考核指标，比如特定行业的道德素质指标。

1.2.3 从加减分项的维度

1. 加分项

加分项考核的内容包括促进企业目标实现的重大事件，以及对企业品牌形象具有积极影响的各类事件等。例如，获得奖项、荣誉，管理、技术创新，环保与降耗，被采纳的合理化建议，支持决策的信息数据，承担额外的工作，挽回企业的损失，等等。

2. 减分项

减分项考核的内容包括对企业产生负面影响的偶发性事件、协同工作效率降低、具有连带责任、业务全覆盖（制度、流程）缺失、风险识别及防控不当、上级主管部门给予处罚、违规违纪行为等。此外，发生重大安全事故、巨大财产损失、严重违法乱纪以及特殊关键指标未达成等属于一票否决性的项目。

1.2.4 对动态指标的处理

1. 什么时候动

不同的月度、季节、事项，考核指标可能产生变动或者变化。之所以如此，是受到了外部因素的影响。这种变化可能是短期性、周期性的，也可能是规律性、非规律性的。

2. 规律性动态指标

规律性动态指标是根据时间的变化而变化的，如淡季考核指标、旺季考核指标、周期性考核指标等。

3. 指标值

指标值的变化和指标的动态变化密切相关。有时候也可能指标不变，指标值会根据淡旺季、周期性和规律性的变化而变化。

4. 指标权重

有时候指标可以不变，指标的权重会根据淡旺季、周期性和规律性变化进行动态调整，通过对指标权重的调整来使考核更具公平性。

1.3 找点：绩效考核标准体系的3问1强

1.3.1 临时事项怎么考

1. 分级考核

分级考核，可分为董事会考核、主管领导考核、与工作相关部门的领导考核和直接领导考核等。通常，重要且紧急的绩效考核指标由董事会或主管领导直接考核，常规且具体的绩效考核指标由与工作相关的部门领导、直接领导或人力资源管理部来考核。

2. 按项目绩效考核

有一些临时事项属于特定的项目。相对于岗位日常工作或业务来说，由于项目工作更具不确定性，因此对项目的绩效考核要充分考虑可能出现的变化与特殊情况，按照项目考核的方式进行绩效考核。同时，把项目的绩效考核结果通过一定的比例进行折算，并入最终的绩效考核结果。

1.3.2 其他工作怎么考

其他工作可能是未列入工作计划的工作，也可能是临时增加的工作。对这些工作，可以通过赋予一定的权重的方式考核，也可以通过设置加减分项的方式考核。如果其他工作经常出现，就可以赋予一定的权重；如果其他工作不确定，就可以通过加减分项考核；如果其他工作已经构成一个项目，且不是短时间能完成的，就可以通过项目考核进行，然后折算进最终的绩效考核里。

1.3.3 项目工作怎么考

对于企业以项目制存在的工作，应该把项目作为单独的考核内容。在对项目进行绩效考核时，可以从时间维度和质量维度，以项目"里程碑"、项目进度计划、阶段成果质量及项目过程质量为考核指标。

1.3.4 应如何强制分布

1. 确定比例
按照事先确定的绩效考核结果的分布比例，根据分值进行强制分布。

2. 主管领导给出意见
请主管领导直接提出意见和建议，也可以通过加减分法或权重法进行强制分布。

第 2 章

工作计划如何关联绩效：工作计划描述标准

某企业规定员工每月30日之前要提交工作计划。负责绩效考核的王经理收到本部门员工小李的5月工作计划，在他的工作计划中，有一项内容是："5月计划进行制度、流程等文件的优化。"到月底考核时，王经理对照小李5月的工作计划和总结，无法计算他的"工作计划完成率"。

这是一个典型的工作计划没有关联绩效的例子。小李在工作计划中只是大致地描述"5月计划进行制度、流程等文件的优化。"如果按照计划完成率=（实际完成数/计划完成数）×100%的公式计算小李的实际绩效，由于计划完成数并没有在工作计划中体现，导致负责绩效考核的王经理无法核算小李的计划完成率。

下面讲述如何将工作计划与绩效关联起来，以更有效地发挥工作计划的作用。

2.1 工作计划要素

2.1.1 计划目标

工作计划中的目标主要分为量化目标、非量化目标及项目目标。

1. 量化目标

量化目标就是能用一些具体数据体现出来的工作目标。它可以分成两类，一类是逐步达成型目标，另一类是持续保持型目标。

如表2-1所示，"劳动定额提升"是逐步达成型目标，它在第一季度时的目标值是17%，在第二、三季度中目标值逐渐提高，在第四季度时达到30%，也就是年度设定的目标值。而"物料提供准确率"是持续保持型目标，这种目标需要在一定的时期内维持一定的数值，从而保证工作数量或质量的稳定性。

表2-1 量化目标的类型示例

量化目标类型	指标名称	年度目标	一季度目标	二季度目标	三季度目标	四季度目标
逐步达成型	劳动定额提升	30%	17%	20%	25%	30%
持续保持型	物料提供准确率	100%	100%	100%	100%	100%

2. 非量化目标

非量化目标是指无法用数量来衡量，一般用叙述性的语言描述的工作目标。

例如，"车间环境管理情况"作为一个非量化目标，它主要考查的是车间整体的卫生环境，可以描述为地面平整清洁、无卫生死角、门窗清洁无损、通风换气良好等。

3. 项目目标

项目目标是围绕项目的启动、运转及完成制定的一系列目标。

例如，在3月5日前出具项目技术成果鉴定报告，文件格式是Word格式，同时符合ISO 9001质量保证体系标准。在这条项目目标中规定了时间、文件名称、文件格式和文件应符合的标准。

2.1.2 计划措施

计划措施是指为了保证计划目标得以实现而采取的一系列具体做法。如图2-1所示，为了实现"项目目标达成率"，需要逐步完成以下n项措施。

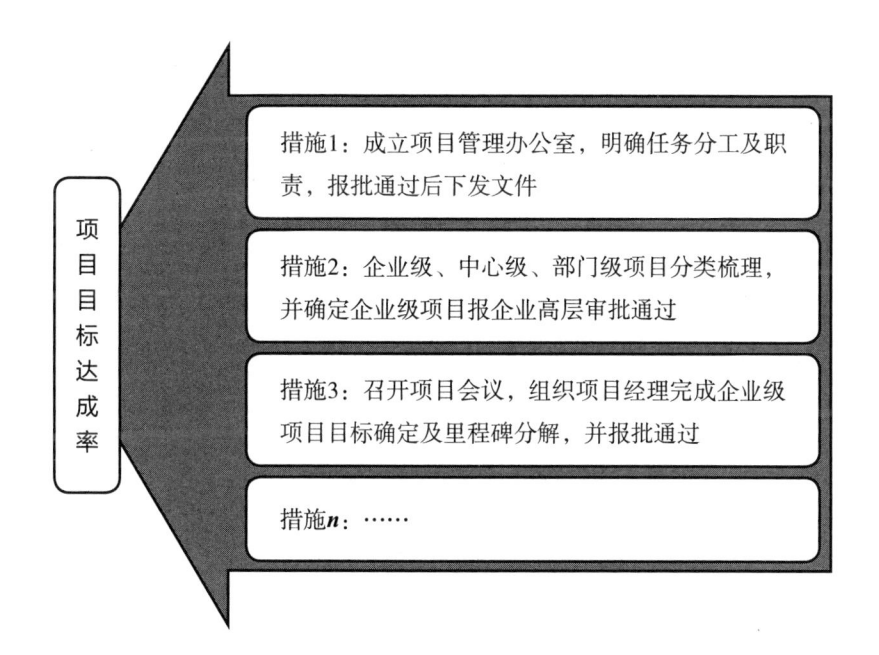

```
项目目标达成率 ←
    措施1：成立项目管理办公室，明确任务分工及职责，报批通过后下发文件
    措施2：企业级、中心级、部门级项目分类梳理，并确定企业级项目报企业高层审批通过
    措施3：召开项目会议，组织项目经理完成企业级项目目标确定及里程碑分解，并报批通过
    措施n：……
```

图2-1　项目目标及措施

2.1.3 考核设计

工作计划的考核设计主要包含考核的职责设计和考核的内容设计。

1. 考核的职责设计

工作计划的考核职责设计主要是指在一个企业中，指定哪些部门、哪些职位负责执行工作计划的考核。

在通常情况下，企业工作计划考核的主管部门应设在战略管理部或人力资源管理部，工作计划考核的负责人应为企业经理或总监级别及以上的中高层管理人员。

2. 考核的内容设计

工作计划考核内容的设计包含两个方面：一是在工作计划的制订、提交、审核、修改、再审以及备案执行等过程中时间期限的规定；二是工作计划的描述要满足工作计划要素并符合相应的描述标准。

2.2 目标描述标准

2.2.1 量化目标

从时间维度上,量化目标主要分为年度计划中和季度计划中的量化目标。它们的目标描述标准基本一致。

从内容维度上,量化目标可以分为预算类指标和其他经济类指标的量化目标。

1. 预算类指标的量化目标

首先,计划中的预算类指标的量化目标必须与审批确定的预算目标保持一致。其次,阶段目标要符合企业各阶段的分解比例,阶段目标值要填写累计的数据。示例如表2-2所示。

表2-2 预算类指标(季度)目标描述示例

预算类指标	年度总目标	一季度目标	二季度目标	三季度目标	四季度目标
销售额目标	400万元	100万元	210万元	300万元	400万元

在表2-2中,年度总目标400万元是审批确定后的预算目标;二季度目标是一季度和二季度累计后的目标值,以此类推。

2. 其他经济类指标的量化目标

(1)量化目标分解要符合企业总目标,不低于行业数据,不低于历史同期数据,符合领导提出的目标要求等。

(2)目标值要量化,且应该为具体的数字或百分比,并明确统一的计量单位。

2.2.2 非量化目标

1. 描述标准

非量化目标的描述要清晰、简练,并明确具体的交付成果,即明确工作的目标、完成的时间、完成的工作内容和完成的数量等。

2. 示例

表2-3是一个非量化目标的描述示例。其中明确了工作的年度目标，即"技术改造验收通过，获得相关部门批准文件"，并且各个季度都有对应的分解目标。

表2-3 非量化目标描述示例

年度目标	一季度目标	二季度目标	三季度目标	四季度目标
技术改造验收通过，获得相关部门批准文件	成立验收小组，下发文件	搜集资料，完成申报	现场验收会议的筹备和召开	验收通过，获得相关部门批准文件

2.2.3 项目目标

项目目标的描述要清晰、简练，须明确描述与项目进度、质量相关的各个要素。

1. 明确执行项目的时间期限

例如，＿＿＿＿月＿＿＿＿日前，提交项目建议书。

2. 确定提交项目成果的数量

例如，＿＿＿月＿＿＿＿日前，完成项目调研问卷＿＿＿＿份。

3. 列出项目成果的质量标准

例如，项目设计阶段起草的《标准指导手册》必须符合国际＿＿＿＿＿＿标准以及国家＿＿＿＿＿＿标准。

2.3 措施描述标准

2.3.1 措施描述原则

1. 支撑目标原则

措施的分解必须能有效地支撑年度、季度或月度目标的达成。

2. SMART原则

每条措施的填写应符合SMART原则：具体的（Specific）、可衡量的（Measurable）、可实现的（Attainable）、有相关性的（Relevant）、有时限的（Time-based）。"具体的"是指每条措施应包含清晰的时间、场所、人员以及措施内容等；"可衡量的"是指每条措施内容的执行情况可以被衡量；"可实现的"是指措施内容能够被执行，可以达成目标；"有相关性的"是指措施内容必须与计划相关；"有时限的"是指措施内容中要有明确的时间期限。

3. 5W1H原则

措施描述应包含5W1H核心要素，即"原因（Why）、目的（What）、时间（When）、对象（Who）、地点（Where）、方法（How）"等。

4. 数量原则

针对年度目标，制定分解措施，并确保措施数量不少于3条；针对月度目标，制定分解措施，并确保措施数量不少于2条。

5. 规范原则

描述措施时，格式要规范。年度或季度措施分条描述时，应包含"举措"或"措施"一词，格式如下：

举措（或措施）1：……

举措（或措施）2：……

…………

6. 务实原则

描述要务实，不能笼统、不具体、无结果；要避免使用晦涩难懂的词汇；避免使用含义存在争议的网络词汇；要忌用"基本上""可能是""大体上""大概"等模棱两可的词语；要慎用"最高""最大""极其""非常"等具有极端性的词语。

2.3.2 措施描述失误点

1. 5W1H核心要素缺失

例如，举措1：5月计划进行制度、流程等文件的优化。

失误点：没有具体说明是什么制度、流程。

2. 措施内容无实操性

例如，举措2：上半年计划最大限度地开展项目培训工作，并做好内外部协调、沟通工作。

失误点：没有具体说明需要做哪些工作，可以改为"上半年计划开展_____培训项目工作，并于_____月_____日前提交培训评估报告。"

3. 用词不具体、不明确

例如，举措3：及时、高效地完成本季度的工作任务。

失误点：及时和高效没有指明具体完成工作的方法，可以改为"采用_____方法完成本季度工作任务，并得到领导的审批确认。"

2.3.3 措施描述示例

表2-4中，某企业计划目标被分解成多个措施，利于实施与绩效考核。

表2-4 措施描述示例

目标	措施
项目调研完成及时、有效	举措1：3月1日，与咨询项目组对接，制订第一阶段调研工作计划 举措2：3月4日至14日，组织部门层面人员进行调研，形成调研材料 举措3：3月15日，组织管理咨询项目培训 举措4：3月20日，向项目组提供相关资料及数据，协助编制项目调研报告 举措5：3月25日前，审核项目调研报告，并上报领导 举措6：3月28日，与项目组对接项目下一阶段工作安排，明确其要求

2.4 常用句式

2.4.1 目标常用句式

为了高效地制订工作计划，并将工作计划有效关联到绩效，可以参考一些常用的句式。

目标常用句式主要是指非量化目标的常用句式。

1. 年度计划目标常用句式示例

句式1：＿＿＿＿月＿＿＿＿日前出具技术成果鉴定报告，文件格式是Word/Excel/PDF/PPT等，符合＿＿＿＿标准/规范或经过＿＿＿＿批准。

句式2：新项目开工前，编制"＿＿＿＿"，形成＿＿＿＿施工进度文件（表单/资料/调研报告等），并在＿＿＿＿月＿＿＿＿日前与＿＿＿＿等部门召开调度会明确管理责任。

句式3：加强人才队伍建设，举措是：年度参加培训人数＿＿＿＿（人），年度参加培训＿＿＿＿课时，部门内研讨每＿＿＿＿月＿＿＿＿次，阅读包括《＿＿＿＿》在内的＿＿＿＿本好书等。

2. 月度计划目标常用句式示例

句式1：＿＿＿＿月＿＿＿＿日前完成＿＿＿＿会议决议，提交＿＿＿＿文件，并经领导审批通过。

句式2：本月计划跟踪＿＿＿＿项决策事项，得到相关负责人明确回复并记录。

句式3：本月完成＿＿＿＿培训工作，并于月底提交＿＿＿＿报告。

2.4.2 措施常用句式

1. 应用于时间或文件名称明确的情况

句式1：＿＿＿＿月＿＿＿＿日，与＿＿＿＿项目组对接第一个阶段的工作计划安排。

句式2：＿＿＿＿月＿＿＿＿日，进行＿＿＿＿层面（部门/人员）的访谈和调研。

句式3：＿＿＿＿月＿＿＿＿日，组织＿＿＿＿的项目培训及会议。

2. 应用于会议召开或决议等情况

句式1：本月对_____项会议决议进行每周跟踪，对存在的_____等问题制定相应措施方案。

句式2：重点关注_____会议决议，每周进行跟踪，形成跟踪记录以供企业领导参考。

句式3：月底汇总编制_____会议决议的_____文件，并上报领导审批。

2.4.3 工作计划示例

表2-5为某企业项目工作计划的示例，其绩效考核指标为"企业级项目目标达成率"，计划年目标值为100%，并由此分解出6个举措以保证目标的最后达成。

表2-5 项目工作计划示例

绩效考核指标	年目标值	措施
企业级项目目标达成率	100%	举措1：成立项目管理办公室，明确任务分工及职责，并报批通过后下发文件 举措2：企业级、中心级、部门级项目分类梳理，并确定企业级项目报企业高层审批通过 举措3：召开项目会议，组织项目经理完成企业级项目目标确定及里程碑分解，并报企业高层审批通过 举措4：每月根据企业级项目的里程碑节点，以现场测量、邮件/电话落实等方式实时跟踪，次月5日前出具项目月度总结报告，并纳入项目相关人员月度绩效考核 举措5：项目结束后20日内组织项目评审，出具项目评审报告 举措6：次年1月30日前，完成优秀项目评选，并报企业高层审批通过

2.5 工作计划关联绩效基本法

2.5.1 应注意的3个问题

为了将工作计划有效地关联绩效，在描述工作计划的过程中，还应注意以下3个问题。

（1）工作计划中项目目标主要是围绕项目运作而设定的目标，项目目标包含量化目标和非量化目标。

（2）措施描述标准中的几个原则必须同时遵守。

（3）模板化句式需要灵活运用，不要千篇一律，需要根据实际情况进行调整。

2.5.2 应关注的3个关键点

不论是企业的管理层，还是普通员工，在制订工作计划时，应关注以下3个关键点。

（1）为了规范工作计划的各个要素，可以统一制作关于工作计划的模板。

（2）灵活应用已有的计划目标和措施的常用句式，及时总结、分享日常工作中常用的句式。

（3）在制订工作计划的过程中，须时刻谨记工作计划要关联绩效考核。

—基本法—

第一条　工作计划的要素要齐全，必须包含计划目标、计划措施和考核设计。
第二条　工作计划的目标描述要做到以下两点。
1．量化目标要以数字或百分比等形式体现。
2．非量化目标要包含5W1H要素，并明确最终成果。
第三条　工作计划的措施源于工作计划的目标，要有很强的操作性，符合SMART原则。
1．目标比较法。将考评期内员工的实际工作表现与绩效计划的目标进行对比，寻找工作绩效的差距和不足。
2．水平比较法。将考评期内员工的实际业绩与上一期（或去年同期）的工作业绩进行比较。

3．横向比较法。即在各个部门或单位之间、各个下属成员之间进行横向的对比。

第四条　工作计划应该明确表明最终的成果，以便于考核者考核。

第五条　工作计划中应该把主要的工作和重点的工作区分开来，应该按照工作的重要程度来排列。

第六条　工作计划中以项目方式存在的，应该予以说明。

第七条　工作计划中需要其他部门配合完成的，需要说明具体的配合事项和完成的先后顺序。

第八条　工作计划中需要外部沟通和协调时，需要进行说明。

第九条　工作计划中领导临时分配的任务可以在月底或者季度底补充。

第十条　对于没有列入工作计划的临时事项，考核时可以作为加分项考虑。

物流工作计划
控制规范

第3章

工作总结如何体现绩效：
工作总结描述标准

某企业财务人员小王写好了第一季度的工作总结，具体如下。

（1）接手销售部、生产部、市场部等共计3套账务处理。

（2）报表处理及财务报销分析。

（3）纳税申报。

（4）在月初到各区域银行拿回单等。

（5）完成其他财务相关工作，如银行开户、办理CA数字证书续费、办理贷款等。

乍一看，小王的工作总结还不错，逐条陈述了其工作内容，但是每项工作内容都没有明确的起止时间，没有具体描述完成的工作成果，并且没有体现出是否完成了工作计划中的目标以及目标的完成情况。

工作总结的撰写也要遵循一定的描述标准，以保证能真实、准确地反映工作的实际情况，体现岗位的工作绩效，最终便于绩效考核的实施。

3.1 工作总结要素

3.1.1 总结已开展工作

总结已开展工作，就是总结考核周期内实际完成了哪些具体工作，可以运用表单来更加清晰、具体和完整地总结已开展的工作，如表3-1所示。

表3-1 已开展工作总结表

序号	起止时间	开展工作的具体内容	完成情况	交付结果

3.1.2 总结目标完成情况

目标完成情况主要通过量化指标和非量化指标的完成情况来体现。

1. 量化指标

总结量化指标的目标完成情况，可以直接用数据表示，还可以与计划目标值进行比较说明。

2. 非量化指标

总结非量化指标的目标完成情况，须对应计划阶段的非量化目标的描述。例如：_____月_____日，完成_____层面（部门/人员）的访谈和调研，形成_____材料。

3.1.3 考核要求

针对工作总结进行考核时有一定的考核要求。

1. 根据职级设置考核要求

在企业中，由于工作职责不同，不同级别的岗位提交工作总结的期限有所区别。例如，某企业规定部门主管级人员每月6日前提交工作总结，随后部门经理参考下属主管的工作总结，再整合完成自己的工作总结，因此该企业规定部门经理级人员每月7日前提交工作总结。

2. 工作总结的考核形式

针对工作总结的考核，主要采取上级评价下级的形式，即被考核者的上级按照工作总结的考核标准对被考核者的工作总结进行评价。例如，某企业规定员工每月30日前提交工作总结，每延迟1天，扣当月绩效分1分。部门经理根据这项考核标准，按照下属员工实际提交工作总结的日期，给出相应项的考核评分。

3. 明确考核内容及标准

（1）明确提交工作总结的固定日期，一般设定为每年、每季度或每月最后一周的某一天，或者每年、每季度或每月第一周的某一天。

（2）针对未在规定日期提交工作总结的情况，采取延迟扣分制。例如，延迟1天扣绩效分1分，延迟2天扣绩效分2分，以此类推；或者延迟1~3天扣绩效分1分，延迟4~8天扣绩效分5分，延迟9天以上扣绩效分10分等。

3.2 工作总结描述标准

3.2.1 工作总结描述原则

为了使工作总结能够准确地体现绩效，撰写工作总结时应依照总结描述原则进行，如图3-1所示。

对应性

主要体现在工作总结中的已开展工作必须与计划分解措施逐条对应，保证工作计划的有效执行

1

一致性

主要是指在工作总结中，一些量化指标的数据要与企业第三方部门提供的数据保持一致，以保证量化指标考核结果的真实性

2

清晰性

总结的内容罗列要清晰，包含开展了哪些工作、工作完成情况、交付了哪些成果等，并且总结描述语言要清晰和简练

3

图3-1　工作总结描述原则

3.2.2　工作总结描述失误点

1. 针对已开展工作的总结要素不全面

例如，"5月进行了制度、流程等文件的优化。"这条工作总结的描述内容不够全面，虽然列出了时间和开展工作的内容，但没有具体写明工作的完成情况（即全部完成还是部分完成）以及具体交付成果的文件名称。

2. 量化指标的数据同企业第三方部门提供的数据出现偏差

例如，某员工5月的工作总结中提及的该月市场投诉率为10%，而客服部门的相关报告中5月市场投诉率为13%。这种偏差的出现，说明工作总结没能真实地反映实际情况，最终导致无法把工作总结与绩效关联。

3. 工作总结内容与计划中的措施没有对应

（1）工作总结中的已开展的工作或已完成的工作是计划措施中未提及的内容。

（2）工作计划中的某些措施未被执行，并且在工作总结中没有体现出来。

3.3 常用句式

3.3.1 工作总结常用句式

1. 强调时间节点的常用句式

此类句式明确地列出具体时间、做出了哪些工作成果,示例如下。

(1)_____月_____日,与_____项目组对接,完成第一阶段项目工作任务。

(2)_____月_____日,完成_____层面(部门/人员)的访谈和调研,形成_____材料。

(3)_____月_____日,组织进行了_____项目培训。

(4)_____月_____日,审核并提交了项目_____报告。

(5)_____月_____日,与_____项目组对接确定了下一个阶段的工作安排和要求,形成_____清单。

2. 强调内容的常用句式

此类句式强调考核周期内的工作内容,有的具体到提出一些难点或重点问题等,示例如下。

(1)本月对_____项会议决议完成了每周跟踪,对存在的_____等问题制定了相应措施方案。

(2)重点关注_____会议决议,每周进行跟踪,形成跟踪记录供企业领导参考。

(3)_____月_____日,汇总编制完成了_____文件,并上报领导审批。

3.3.2 工作总结示例

如表3-2所示,针对"项目调研完成及时、有效"这一绩效指标,总结了4条工作成果。

表3-2 工作总结示例

绩效指标	工作总结
项目调研完成及时、有效	1.比预计的调研时间，提前了2天 2.共收到了268份调研问卷，有效调研问卷265份 3.出具了一份87页的项目调研报告，并进行了2次修改 4.与相关领导明确了报告内容，并确定了报告讨论时间

3.4 提报审核要求

3.4.1 工作总结提报程序

提报工作总结，一般遵循以下程序。

1. 撰写阶段

员工必须根据本部门、本岗位的工作计划及目标完成情况撰写工作总结，且必须由本人完成，不得由他人代为撰写。

2. 自评阶段

员工应对照工作计划、绩效考核标准，对工作进行自评。自评必须客观、公正，遵循绩效考核自评的各项标准。

3. 领导评价阶段

领导在评价员工的月度/季度/年度工作总结时，应对照每项考核指标逐项审核，给出考核分数，具体应注意如下几点。

（1）是否按照计划分解措施逐一开展工作，并客观地进行总结。

（2）各项工作完成情况是否符合企业/部门要求。

（3）员工自评是否客观、公正，根据绩效表现给出考核分数。

（4）当给出的考核分数与员工自评分数差距较大时，须说明原因。

（5）在考核结果的基础上另行加分或减分的，须说明理由。

3.4.2 工作总结审核标准

员工自评和领导评价完成后,员工工作总结就进入企业人力资源管理部或战略评价委员会审核的阶段。在审核阶段,需要遵循一定的审核标准。

1. 审核真实性和准确性

(1)量化指标:审核工作总结中的数据与企业第三方部门提供的数据是否一致。

(2)非量化指标:由相关责任部门提供证明性材料,并由企业第三方部门出具评价意见。

2. 根据相关考核细则审核得分

人力资源管理部或战略评价委员会在完成工作总结的真实性和准确性审核工作之后,按照企业的相关考核细则,给出审核分数。

3. 矫正差值,得出最终考核分数

人力资源管理部或战略评价委员会在矫正绩效考核差值之后,得出最终的考核分数,按照绩效考核流程进行审批、公布及应用。

3.5 工作总结体现绩效基本法

3.5.1 应规范的3个事项

为保证工作总结能真实地反映工作的执行情况并体现绩效,企业应规范如图3-2所示的3个事项。

❶ 统一规范工作总结的格式，必须包含已开展工作情况和目标完成情况

❷ 规范工作总结使用的固定动词以及句式，并形成一个词库或句库

❸ 规范工作总结撰写、自评和考核的相关流程，并形成明确的流程图

图3-2　应规范的3个事项

3.5.2　应注意的3个问题

在描述工作总结的过程中，还应注意3个问题，如图3-3所示。

❶ 如果某员工的工作总结指标数据与对应的第三方部门提供的数据出现偏差，切忌轻易以一方数据为准，应重新核查，以获得真实数据

❷ 工作总结在格式上必须包含规定的几个要素，内容上必须逐条对应工作计划中的措施

❸ 对工作总结的考核细则应该全面，包含提交总结的时间、总结的格式，以及总结提报审核的相关要求

图3-3　应注意的3个问题

年度培训工作总结示例

—基本法—

第一条　工作总结必须包含已开展工作、目标完成情况，并符合相应的描述标准。
第二条　工作总结的描述必须符合对应性、一致性和清晰性原则。
第三条　针对工作总结的审核包含员工自评、领导评价以及企业人力资源管理部或战略评价委员会审核，最后得出考核结果。

第4章

考核指标如何量化：
指标量化标准

为提高绩效考核的效率，并保证绩效考核的客观性，某企业采用定量考核指标进行绩效考核，对各个部门的考核指标设计得都很详细。例如，针对销售部总监的定量指标有20多个，如财务维度下的净投资回报率、主营业务收入、销售收入、销售费用、货款回收率、净利润增长率、销售费用占销售收入百分比等。在季度末或年终的绩效考核时期，无论是被考核者的直属上级，还是人力资源管理部，都要耗时耗力地逐个考核、记录每项指标，这是一项大工程。

虽然采用定量指标进行绩效考核可以保证考核的客观性和准确性，但事事量化，则会导致某些考核指标的内涵或外延有重叠的现象，造成时间和人力的浪费。并且，定量指标无法覆盖所有的工作内容，对于无法用定量指标衡量的工作，则可以采用定性指标进行考核。

那么，如何灵活地运用定量指标和定性指标进行考核呢？首先要明确指标量化的标准。

4.1 定量指标

4.1.1 指标量化范围

1. 三种可量化指标

（1）可量化工作的指标，如销售费用等。

（2）反映工作结果的指标，如销售收入等。

（3）计量单位是时间、频次、金额、百分率的指标，如销售回款率等。

2. 定量指标

可以量化的指标统称为定量指标。定量指标具有客观、公正、准确和易衡量等特点。它不仅能够真实地反映被考核者的绩效水平，还能帮助企业绩效管理人员发现企业运营和管理过程中存在的问题。

4.1.2 指标量化维度

绩效考核指标的量化维度有4个，具体如表4-1所示。

表4-1 指标量化维度

维度	量化指标示例
时间	与时间、效率、速度等相关的效率类指标，如计划完成及时率、原材料采购及时率、项目完成及时率、响应时间、产能利用率等
成本	主要是财务类指标，具体包括生产成本、库存成本、销售成本、运输成本、物料消耗成本等
数量	1. 与企业经营效益相关的指标，如利润、利润率、市场占有率等 2. 与生产、销售等生产经营活动产出相关的指标，如销售额、销售量、产量、产值等 3. 其他硬性约束的指标，如人均培训时间、员工流失率、关键岗位人员流失率等
质量	与质量、效果等相关的指标，主要包括两个方面：一方面是产品质量，如合格率、废品率、返工率等；另一方面是工作质量，如正确率、出错率、客户满意度等

4.1.3 指标量化方法

指标量化方法主要有7种，即用数字量化、用质量量化、用成本量化、用时间量化、用结果量化、用行动量化、用标准量化等。

1. 用数字量化

用数字量化是指用数据或百分比形式来量化员工的工作业绩。

（1）以工作量和频率等数据形式量化员工的工作业绩，如销售额、产量、次数等。

（2）以工作质量、工作效率等百分比形式量化员工的工作业绩，如合格率、达成率等。

2. 用质量量化

用质量量化方法主要衡量企业各项任务成果及工作实施过程的精确性、优越性和创造性。它主要对包括结构指标、比例指标、平均指标和标志变异指标在内的质量指标进行量化。

（1）结构指标是表现构成事物内部各部分的数量的指标，各结构指标间存在关联关系。如对企业销售人员的考核，不仅要考核销售收入，还要考核应收账款的比例，因为应收账款比例过高会造成企业流动资金缺乏。

（2）比例指标是总体内部不同部分数量对比的相对指标，用以分析总体范围内各个局部之间、分组之间的比例关系和协调平衡状态。比例指标与结构指标的区别在于，比例指标是同一总体中不同部分的指标数值的对比；而结构指标是同一总体中各部分总量与总体总量的对比。

（3）平均指标是指对同类现象在不同时间、不同空间上进行比较分析，其数值表现为平均数的指标。它可以综合测定工作质量和工作效率。

（4）标志变异指标是反映总体各单位标志值之间差异大小的综合指标。它说明的是变量的离中趋势，用来研究被考核者绩效的稳定性和均衡性，反映其在不同绩效考核周期内的绩效的变化程度。

3. 用成本量化

用成本量化是指从成本的角度细化、量化考核工作，落实成本管理责任。这有助于加强企业的成本管理，增强全员成本责任意识。用成本量化的考核指标包括成本节约率、费用控制率、投资回报率等。

4. 用时间量化

用时间量化的一个主要方法就是进度量化。进度量化是在完成任务的过程中对事态发展（时间阶段）控制的一种计算方法，通过计算特定时间与行为之间的因果关系，得出结果的分数。例如，针对研发型与知识型员工的新产品开发周期、服务响应时间、完成期限等，应用时间量化的考核指标。

5. 用结果量化

用结果量化是指通过一些关键性数据指标对员工工作的"质"和"量"进行全面、客观、公正的综合评价，从而得出考核分数，以此衡量员工工作绩效，并作为确定工资奖金收入、选优评先、职务升降等的直接依据。

6. 用行动量化

用行动量化是指从分析完成某项结果出发，明确需要采取的行动，并对各项行动设置考核指标的方法。用行动量化考核方法常用于没有具体、明确的业务指标的基础管理和业务支持等事务性工作。

7. 用标准量化

用标准量化是指按照国际标准、国家标准、行业标准进行量化考核。

4.2 定性指标

4.2.1 定性指标范围

在企业中，当某些部门的工作任务无法用合适的定量指标来进行衡量时，则需要选择定性指标进行考核。尤其是如图4-1所示的两种情况，多采用定性指标进行考核。

1. 考核指标无法量化	2. 考核指标量化成本过高
例如，当行政部的会议管理工作无法进行有效的量化时，可以选择会议筹备的充分性、会议组织的有效性等定性指标进行考核	例如，如果要量化内部工作氛围评价这项指标，需要调研内部所有人的评价或意见，操作成本过高，费时费力，因此可以采用定性指标的形式，有针对性、有范围地进行考核

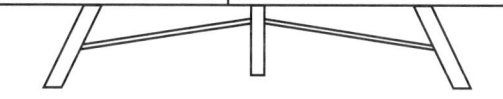

图4-1 采用定性指标进行考核的情况

4.2.2 定性指标考核难点

定性指标考核作为传统绩效考核方式，具有可变性强、伸缩余地大等优点。但在具体实施过程中，定性指标考核可能会面临以下4个方面的难点。

1. 衡量尺度表述不精确

在定性指标考核实施过程中，很多企业对考核指标的不同等级的划分不清晰，简单地将各考核指标划分为"优""良""中""差"等层级，并且未对相应层级应达到的绩效标准进行详细说明，导致考核者在评估过程中缺乏客观依据，考核结果失真。

2. 考核者主观因素的影响难以消除

在定性指标考核实施过程中，考核者往往根据个人感觉在考核指标对应栏评价或打分，从而得出被考核者的考核分数。这种考核在很大程度上依赖于考核者对考核指标的理解以及考核者个人的主观因素，因此并不能客观地反映出被考核者真实的绩效水平。

3. 被考核者对考核结果认同感低

在定量指标考核实施过程中，所有的考核数字清晰可见，被考核者认同考核选取的指标后，基本对考核结果无异议。但定性指标缺少明确的标准，即使对定性指标进行量化描述，不同考核者之间、考核者与被考核者之间仍对量化描述的理解存在差异,在一定程度上使得被考核者对考核结果的认同感低,有关考核结果的争议屡见不鲜。

4. 考核操作执行难度大

定性考核的考核标准容易简单、笼统化,缺乏可操作性。而企业要确保考核结果的公正性,必须做好对考核者的培训,并采取有效方法对考核标准进行准确定位,其操作实施难度要远远高于定量考核。

4.2.3 定性指标描述方法

一般情况下,人力资源管理部可以通过等级描述法、预期描述法和关键事件法3种方式,对定性指标进行详细的描述,以制定明确的定性指标考核标准,如表4-2所示。

表4-2 定性指标描述方法

描述方法	方法说明	示例
等级描述法	对工作成果或工作履行情况进行分级,并用数据或措施进行具体、清晰的界定,据此对被考核者的实际工作完成情况进行评价	(1)合格标准。制度编写基本符合企业规定的要求,内容比较全面和规范,经过2次以内的修改,最终获得企业领导的认可,分数:_____分 (2)良好标准。制度编写完全符合企业制度编写要求,内容严谨细致、规范合理、可操作性强,无修改,分数:_____分
预期描述法	考核者与被考核者对工作要达到的预期标准进行界定,然后根据被考核者的实际工作完成情况同预期标准的比较来评价被考核者的业绩	对企业规章制度实施效果进行评价 (1)低于预期效果,_____分以下 (2)达到预期效果,_____~_____分 (3)高于预期效果,_____~_____分
关键事件法	针对工作中的关键事件,制定相应的减分和加分标准,从而对被考核者的业绩进行评价	对安全管理工作进行评价 (1)每出现1次一般安全事故,减_____分 (2)每出现1次重大安全事故,减_____分 (3)满分100分,减完为止

4.3 定性指标量化方法

4.3.1 项目量化法

项目量化法是参照项目管理的思路，将定性指标分成3个部分进行量化考核的方法，如图4-2所示。

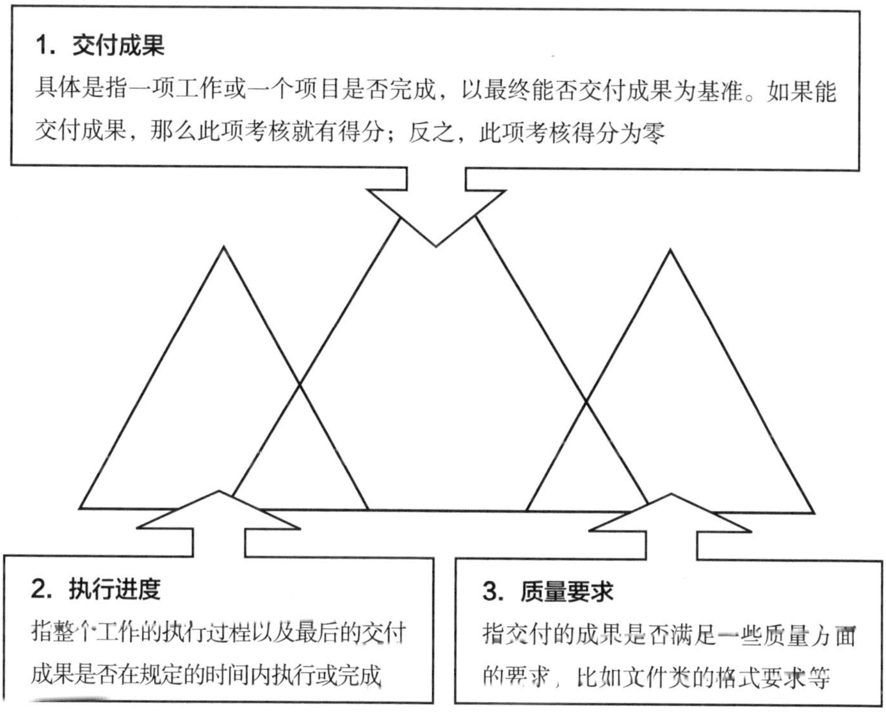

1. 交付成果
具体是指一项工作或一个项目是否完成，以最终能否交付成果为基准。如果能交付成果，那么此项考核就有得分；反之，此项考核得分为零

2. 执行进度
指整个工作的执行过程以及最后的交付成果是否在规定的时间内执行或完成

3. 质量要求
指交付的成果是否满足一些质量方面的要求，比如文件类的格式要求等

图4-2　项目量化法的3个组成部分

这种项目量化法不仅可以应用在项目考核中，还可以对那些无法定量考核的工作进行考核。

4.3.2 复合分解法

复合分解法是指将一个不便于实施考核的定性指标细分成2~3个相对容易实施考核的定量指标或定性指标的方法，如表4-3所示。

表4-3 复合分解法（部分定性指标）示例

定性指标	分解后的考核指标	权重
宣传效果	广告投放有效率	10%
	主管领导对广告效果满意度评分	10%
	广告效果评估报告提交及时率	10%
客户关系维护情况	客户保有率	15%
	客户满意度	10%
	客户投诉解决率	10%

在表4-3中，宣传效果这个指标很难量化考核或制定考核标准，但如果将宣传效果细分成"广告投放有效率""主管领导对广告效果满意度评分""广告效果评估报告提交及时率"这3个量化指标，则更直观、具体，便于考核。

4.4 考核指标量化基本法

4.4.1 应避免的3个误区

企业在设计指标的过程中，应避免3个误区，如图4-3所示。

误区❶ 事事量化

企业中的一些工作无法用量化指标来评价。如果强行量化，可能会违背量化的初衷和原则，使工作重心偏离既定方向

误区❷ 指标越精细越好

企业中的长期、中期、短期目标是一个整体。如果绩效考核指标过于精细，则很难聚焦和支持企业的中期和长期目标，最终导致绩效考核偏离企业的战略发展方向

误区❸ 指标应面面俱到

指标不必苛求全面、完整。其实，各指标之间是相互关联的，某些指标的内涵和外延可能同其他的指标有重合或交叉的部分。指标的设置不在于多么全面和细致，而在于能否真实反映员工工作的实际情况，并起到规范员工和强化员工行为管理的作用

图4-3　设计指标应避免的3个误区

4.4.2 应注意的3个问题

企业在设计指标的过程中，应注意3个问题，如图4-4所示。

❶ 不能乱用强制分布

利用"优、良、中、差"或考核分数对被考核者进行强行比较，对不具有可比性的被考核者进行强制分布，对考核结果落后的人员予以淘汰等，都可能导致考核的结果无效，考核的奖惩意义无法体现

❷ 精确测量维度

如果定性指标的测量维度不精确，各级别定义过于宽泛，将影响评价结果的客观性和准确性

❸ 考核指标要反映绩效水平

在考核过程中，如果选取了一些不必要考核的指标，不仅浪费资源，还无法真实地反映被考核者的绩效水平

图4-4　设计指标应注意的3个问题

—基本法—

第一条 定性指标最好都想办法量化，这样便于考核。

第二条 绩效指标量化旨在通过明确的指标和量化的考核方式来评估和管理员工的绩效。考核指标可分为定量（量化）指标和定性（非量化）指标两类。

第三条 定性指标的量化

定性指标通常难以量化，但是为了更好地进行管理和评估，有时候需要将其量化，具体量化方法如下。

（1）采用打分制度：制定相应的评估标准和分数体系，对员工在定性指标上的表现进行打分。例如，行为描述标准对应着不同的分值，评估人员根据具体情况给予不同的分数。

（2）将描述转化为数字：将行为描述转化为具体的数字，并制定相应的计算公式。例如，员工的团队合作能力可以通过统计其参与多少个团队项目以及对每个项目的贡献来量化。

（3）使用百分比：将定性指标和定量指标相结合，使用百分比来表示员工在定性指标上的表现。例如，将员工达到的任务完成数量与总任务数量相除，得出员工的任务完成率作为定性指标的量化表现。

（4）综合评价：将多项定性指标进行综合评价，最终得出一个权重较高的绩效得分。例如，使用多维度评估模型，将员工的专业知识、工作态度、团队合作等方面的表现综合起来，给出一个总体评定分数。

第四条 定量指标的量化

定量指标是可以直接度量和量化的绩效指标。

（1）设定具体目标：为每个定量指标设定明确的目标和要求。目标应该具体、可衡量和可达到。例如，销售业绩的目标可以是达到一定的销售额或者实现一定的销售增长率。

（2）确定度量方式：确定衡量定量指标的具体方式和度量单位。例如，销售业绩可以通过销售额、销售数量或客户订单量来度量。

（3）数据收集和分析：收集相关数据并进行分析，以获取实际绩效数据。数据可以来自内部系统、报表或其他来源。须确保数据的准确性和可靠性。

（4）比较和对比：将实际绩效数据与设定的目标进行对比，计算出实际绩效与设定的目标之间的差距。这可以通过计算百分比、比率或绝对数值来量化。

（5）使用绩效评估工具：根据具体情况使用适当的绩效评估工具，如绩效评分表、绩效评估模型等。根据定量指标的实际数值对员工或团队进行评分或排名。

第五条 企业应该建立定性和定量指标库

（1）按照企业的战略目标建立。

（2）按照企业各部门的业务建立。

（3）按照企业不同的岗位建立。

（4）应该定期更新企业的定性和定量指标。

第六条 关于无法量化的定性指标

实在无法量化的定性指标，采用赋分的方式进行量化。

第七条 量化考核结果的应用

量化考核结果应该用采用强制分布的方式，按照A、B、C、D、E的方式强制分布。

财务目标任务考核指标量化标准

第 5 章

行业标杆如何选取：
行业标准选择

某企业通过采用"净资产收益率""成本费用利润率""存货周转率"等指标作为年度企业整体的考核指标，来衡量当年度企业的生产运营情况。其中，"净资产收益率"和"成本费用利润率"体现企业的盈利能力状况；"存货周转率"反映存货的周转速度，它可以促使企业提高资金的使用效率，增强企业的短期偿债能力。

该企业按照这几个指标制订了一些计划，并且每年都完成了所制订的计划。但3年后，在竞争企业不断涌现的行业内，该企业的排名并没有提升，反而有所下降。究其原因，是该企业在制定绩效考核指标时没有参考行业标准，虽然看似绩效很好，但实际没有跟上行业发展形势。

企业制定绩效考核指标时，不但要符合企业的实情，还应该参考相应的行业标杆，研究绩效考核指标的行业标准。

5.1 指标对比维度

5.1.1 战略目标维度

企业战略目标，是指一定时期内企业沿着经营发展的方向所预期的理想成果。企业制定的战略目标应具有挑战性、系统性、可度量性以及相对的稳定性和动态性。

企业制定战略目标及绩效指标时，应与行业内标杆企业的战略目标进行对比，主要包括以下10个方面。

1. 盈利能力

对比行业内标杆企业有关盈利能力的战略目标，主要侧重利润、投资收益率、每股平均收益、销售利润等方面的指标。

2. 市场

对比行业内标杆企业市场方面的战略目标，主要侧重市场占有率、销售额和销售量等。

3. 生产率

对比行业内标杆企业的生产率方面的战略目标，主要是投入产出比率和单位产品成本等。

4. 产品

对比行业内标杆企业的产品方面的战略目标，主要是产品线或产品的销售额和盈利能力、开发新产品的完成期等。

5. 资金

对比行业内标杆企业的资金方面的战略目标，主要是资本构成、新增普通股、现金流量、流动资本和回收期等。

6. 生产

对比行业内标杆企业的生产方面的战略目标，主要是生产效率、生产成本和产品质量等。

7. 研究与开发

对比行业内标杆企业的研究与开发方面的战略目标，主要通过花费的资金数量和完成的项目来体现。

8. 组织

对比行业内标杆企业的组织方面的战略目标，主要通过实施组织变革相关的项目数量来体现。

9. 人力资源

对比行业内标杆企业人力资源方面的战略目标，主要通过缺勤率、迟到率、人员流动率、培训人数和将实施的培训计划等来体现。

10. 社会责任

对比行业内标杆企业的社会责任方面的战略目标，主要是组织活动的类型、公益服务项目和财政资助等。

5.1.2 业务领域维度

除了对比行业内标杆企业的战略目标，企业还应该选取与行业内标杆企业相同或相近业务领域的各项绩效指标进行对比。

1. 行业

研究相同或相近业务领域的标杆企业都选取了哪些能体现行业特点的绩效指标，并进行对比。例如，生产类企业的库存量比较重要，可以对比"存货周转率"这一指标，了解行业标杆企业在存货周转方面的发展状况。当然，也有一些企业跨界做业务，在这种情况下，要以其主体业务为准去定位所在行业的重要指标。

2. 产品

在同一业务领域，有很多相似产品的绩效指标，企业应重点关注和对比标杆企业与本企业产品构成相似或重叠的绩效指标数据。

3. 客户

目标客户也是一个对比标杆企业的重要因素。企业应研究有相似目标客户群体的行业内标杆企业的客户类和市场类绩效指标数据。

5.1.3 市场环境维度

广义的市场环境主要包括政治环境、法律环境、经济环境、文化环境、技术环境和自然环境等。企业设计指标时，应从全国市场和本地市场两个方面出发，选取行业标杆企业的相应指标数据。

1. 全国市场

对比全国市场范围内的行业内标杆企业的指标，要考虑到市场环境的相同点和不同点，分析后再进行对比。例如，医药行业的两个标杆企业，一个在东部沿海地区，另一个在西部高原地区，那么这两个标杆企业关于自然环境的指标的选取及指标值确定就会有区别。

2. 本地市场

在本地市场环境中，有很多相同或类似的因素，如经济环境、文化环境、自然环境等，所以对比行业内标杆企业的指标时可以侧重技术环境等方面的指标数据。

5.2 横向设计维度

5.2.1 选取行业标杆

行业标杆的选取一般按照以下4个步骤进行。

1. 组建标杆管理项目小组

选取行业标杆之前，企业应先组建标杆管理项目小组。标杆管理项目小组主要承担发起和管理整个标杆项目工作的责任。

2. 搜集与分析内、外部绩效指标数据

标杆管理项目小组主要负责企业内部和外部的绩效指标数据的搜集和分析工作。

（1）内部绩效指标数据的搜集方式。标杆管理项目小组主要通过内部访谈和直接获取等方式，了解本企业目前使用的绩效指标情况。内部访谈可以获取绩效指标的使

用情况及效果；直接获取就是直接从绩效考核部门获取企业目前的绩效指标数据。

（2）外部绩效指标数据的搜集方式。标杆管理项目小组采用搜集公开发布的信息、实地调研行业内标杆企业合作伙伴等方式，获取同行业的绩效指标数据。

3. 确定行业标杆的候选企业

通过一系列的内、外部调研活动，确定选取的几个绩效指标的行业标杆候选企业。其选取标准主要是，在本行业内的市场地位、品牌影响力、产品竞争力和服务满意度相对高、发展相对成熟的企业。

4. 确定适合本企业参考的行业标杆企业

最终需要确定2～3家行业标杆企业。其判定标准是标杆企业应与本企业具有一定的"相似性"。"相似性"可以体现在战略目标、业务领域、市场环境、企业发展阶段等方面。总之，行业标杆企业的选取，要以"适合"本企业参考学习为主。

5.2.2 分析行业标杆

确定了行业标杆企业之后，需要对行业标杆企业进行分析。

1. 分析工具

根据企业的具体需求，可以采用一种或多种分析工具对行业标杆企业进行分析。以下是常见的竞争对手分析工具。

（1）波特五力模型。利用波特五力模型，能够分析企业所在的行业的基本竞争态势，并将竞争对手与其所处的环境联系起来，分析其经营现状。

（2）波特竞争战略轮盘。利用波特竞争战略轮盘分析竞争对手，既能分析竞争对手的总目标，又能对其已达成总目标的主要经营方针进行详细的分析。

（3）战略钟模型。战略钟模型能够分析竞争对手所采用的竞争战略，以及取得竞争优势所采取的方法。

2. 分析内容

在分析行业标杆企业的过程中，主要分析产品、品牌、市场、渠道、服务5个方面，如图5-1所示。

```
                    ┌─────────────────────┐
        ┌───────────│  对行业标杆企业的分析  │───────────┐
        ↓           └─────────────────────┘           ↓
```

产品	品牌	市场	渠道	服务
主要分析产品策略、可用性和核心技术	主要分析品牌策略和品牌影响力	主要分析市场地位、推广策略和推广能力	主要分析渠道策略和渠道能力	主要分析服务策略和服务能力

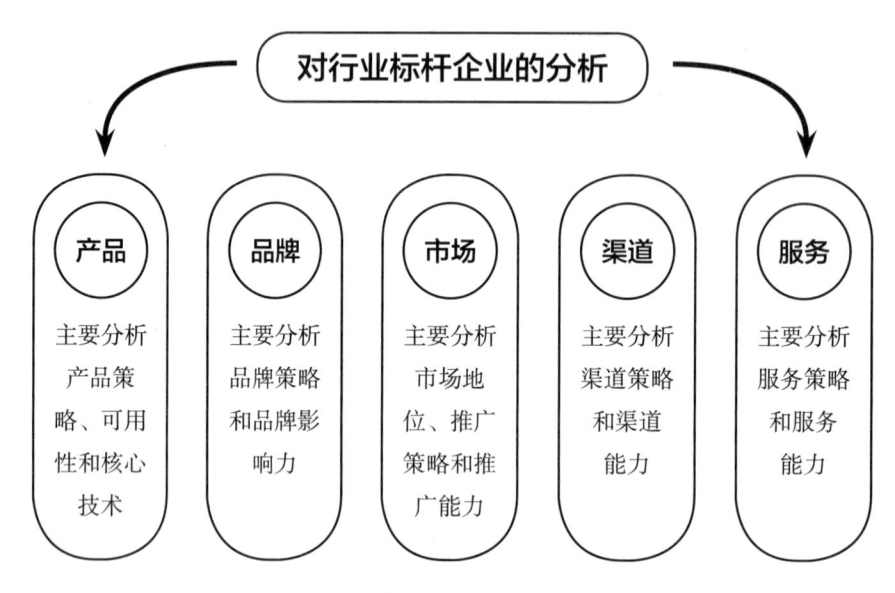

图5-1 分析行业标杆企业的内容

3. 分析渠道

（1）企业安排专人负责。安排企业内有行业研究经验的人员负责分析、研究竞争对手。

（2）采用外部的行业研究机构。与外部的行业研究机构进行合作，或者购买一些行业研究的资料，对竞争对手进行调查与分析。

5.2.3 选择行业标准

在选取行业标杆企业，并充分分析竞争对手之后，企业须根据分析的结果，确立适合本企业的考核指标。

1. 存在相同点时

当本企业与行业标杆企业存在相同点时，如主营业务相同或相似、所处的发展阶段一致等，部分指标可以借鉴使用。

2. 存在不同点时

当本企业与行业标杆企业存在不同点时，如主营业务重叠部分少、所处的发展阶段不同等，则对所参考的指标要综合考虑，根据实际情况而定。

3. 最终整合

将获取的行业标准进行整合时，有以下2个要点需要重视。

（1）整合不是简单地相加，而是要将行业标准进行分析，提炼出适合本企业参考的指标。从行业标杆企业获取的指标，都必须经过系统化的分析，剔除过时的、不适合本企业参考的指标。

（2）选择的行业标准不在于多，而在于精。选择的行业标准不一定要过多过细，而要对本企业有参考价值。

5.3 纵向设计维度

5.3.1 自身发展趋势

企业为了紧跟时代的发展，应对国内外市场的激烈竞争，其自身发展呈现出以下4个趋势。

1. 战略化

企业通过对内外部环境的分析，设定战略目标。战略目标指引着企业各项工作的实施。根据不同的战略，目标值的设定也有所不同。例如，当采用集中化战略，即集中发展某一业务时，生产类和销售类指标的目标值需要提高。如果采用多元化发展战略，主体业务分散，则指标需要作出调整，并且目标值的设定也要跟着战略部署的变化而变化。

2. 互联网化

随着互联网的兴起和发展，各行各业的竞争日趋激烈，发展也是日新月异。在这种情况下，企业能否利用好互联网这一工具，在竞争中更好地生存和发展，显得尤为关键。此时，企业可以根据实际工作的需要，设计一些与互联网相关的考核指标。例如，信息化建设目标达成率、数据库资源建设目标达成率、电子商务营业利润增长率等，这些都是体现互联网化的考核指标。

3. 人性化

人才在信息时代下的企业中的作用越来越凸显。企业越来越重视高素质人才，管理工作也由物本管理转变为人本管理。在管理方式上，企业更加尊重个人的价值和能力，强调激发员工的积极性、主动性和创造性，最终实现企业人力资源的优化和合理配置。例如，后勤服务满意度、食宿服务满意度、环境卫生达标率等，这些都是体现人性化的考核指标。

4. 弹性化

伴随日益明显的全球经济一体化趋势，为应对国内外经济的发展变化，企业管理应更加灵活而富有弹性，以提升适应环境的能力。例如，某企业为了应对上下班高峰期堵车的问题，将上班时间规定为具有弹性的一个时间段——9:00~9:30；为了应对临时项目，企业弹性地汇集不同部门的人成立临时的项目组，以项目最终的成果作为考核结果等。

5.3.2 历史水平比较

根据企业本身的历史发展水平，设定指标值。

1. 年度比较

比较过去2~3年的目标值，在原有目标值的基础上，根据当前企业的发展计划，设定本年度或下一年度的指标目标值。例如，当过去3年的指标的目标值呈递增趋势时，后续的目标值可以延续这一趋势，有所增加。

2. 月度比较

（1）同比：同一周期、同一阶段的数据对比。当某些指标与季节变化有紧密联系时，该指标可以用同比的方式，以上年度的同期目标值作为参考。例如，啤酒类企业的8月销售额目标值可以参考前两年的8月销售目标和达成额。

（2）环比：相邻时间段的数据对比。当企业的经济发展水平呈逐步上升趋势时，可以采用环比的方式，如参考上个月的目标值来制定当月的目标值。

5.3.3 环境、季节影响

在设计指标的时候，企业还需要考虑环境、季节等因素对企业发展的影响。

1. 自然资源

自然资源是企业生产力的重要构成因素。企业的生产行为和产品质量对自然资源有所依赖，因此与生产行为和产品质量相关的指标及目标值的设定要考虑自然资源的分布情况与利用情况。

2. 不可抗力

地震、火灾、海啸、洪水等不可抗力因素对企业经营和发展有着非常规和超强度的影响，企业要根据自身所处的实际环境情况和面对的风险，设计和调整绩效指标。

3. 季节变化

季节变化主要是四季转换，是一种周期性的循环变化，这种变化会带动企业的生产和销售发生相应的变化，比如，销售的淡、旺季之分。因此企业在设计生产或销售类指标时，要考虑到季节变化因素，适当地对指标作出调整。

一般情况下，企业在销售的旺季与淡季时设计的指标应有所不同。旺季时，产品的需求量大，生产及销售类指标值应高一些；而淡季时，产品的需求量相对变小，生产及销售类指标值也应随之降低。

5.4 行业标准数据库

5.4.1 数据库数据来源

企业构建行业标准数据库时，数据库中的数据主要来源于以下2个渠道。

1. 本企业

行业标准数据库的指标，首先要参考本企业目前的绩效指标及其各个要素。一般情况下，数据库中的考核指标大多包含如表5-1所示的几个要素。

表5-1 考核指标构成要素

序号	指标名称	指标目标值	指标挑战值	指标警戒值	单位	历史值

2. 行业标杆企业

数据库的数据除了包含本企业的历年数据，还需要导入行业标杆企业的数据，并注明该数据的设定时间。例如"存货周转率"，行业标杆A企业设定的是1000次（2018年），行业标杆B企业设定的是3000次（2018年）。

5.4.2 数据库构建方法

构建行业标准数据库的方法主要有两种，一种是企业内部的信息技术（Information Technology，IT）部门和绩效管理部门配合构建；另一种是将这项工作外包给专业的信息技术（IT）企业。

1. 企业内部构建数据库的要点

企业内部构建数据库时，需要重视以下3个要点。

（1）明确构建数据库的目的。只有明确了数据库的构建目的，才能准确地把握数据库的构建流程和功能设置。

（2）明确企业IT部门和绩效管理部门的职责分工。只有事先明确了职责分工，在构建数据库的过程中，两个部门之间才能协调一致。IT部门主要负责与技术相关的工作；绩效管理部门主要负责提出对数据库的有关需求，并提供行业的绩效指标等内容。

（3）数据库建成之后需要试运行。为保证数据库能够真正地发挥实际效用，行业标准数据库建成之后，需要试运行一段时间。根据试运行期间的反馈，IT部门和绩效管理部门按计划的分工进一步修正数据库。

2. 项目外包构建数据库的要点

（1）慎重选择外包企业。企业在选择外包企业时，除了审核外包企业基本的资质信息，还需要了解对方的业务成功案例。通过业务成功案例，了解外包企业的业务水平，最后再确定是否合作。

（2）双方的权责必须清晰、明确。外包企业的工作范围要有明确定义，而且定义的内容必须清晰、明了。外包企业工作的内容既要满足静态的需求，还要包含动态的市场新变化和满足新需求。

（3）项目外包合同中注意加入保密性条款。项目外包合同除了包含主要的外包业务内容，还应加入关于数据信息的保密性条款，明确双方关于保密的权利和义务等。

5.4.3　数据库运营和应用

数据库的运营和应用，主要有以下3个要点。

1. 数据库运营组织

（1）数据库的运维部门。数据库的运维部门可以是本企业的IT部门，也可以是外包企业。运维部门主要负责数据库的转储和恢复、安全性和完整性、性能监控和分析、重组和重造等工作。

（2）数据库的管理部门。数据库的应用部门主要是企业的绩效管理部门，它往往也是数据库的管理部门。绩效管理部门主要负责设定数据库的各种功能以及使用权限。

2. 数据库的应用

为了保证数据库能够发挥实际的效用，有一些事项需要规范。

（1）数据库使用手册。数据库使用手册从数据库使用者的角度，以使用数据库的流程为核心内容，介绍数据库的使用方法、使用时机等。

（2）数据库权限。数据库的权限一般分为全部编辑和部分编辑、全部查阅和部分查阅。如表5-2所示，不同的使用人员被赋予不同的权限。

表5-2 数据库权限表

使用人员	权限			
	全部编辑	部分编辑	全部查阅	部分查阅
绩效管理部门人员	√	×	√	×
IT部门人员	√	×	√	×
部门经理级别以上人员	×	√	×	√
一线员工	×	×	×	√

3. 数据库的更新

企业的绩效管理部门和IT部门负责数据库的更新。数据库更新的频率一般以年或月为单位，即在每年年初的某一天或每月固定某一天进行数据库的更新。

5.5 行业标准选择基本法

5.5.1 应规范的3个事项

（1）针对指标设计工作，构建权责清晰、分工明确的责任体系。

（2）将指标设计工作以流程或操作手册的形式进行规范，便于工作人员的执行和操作。

（3）企业可以根据自身的实际情况，选择设计指标行业标准的维度，既可以按照提及的全部维度设计，也可以有选择性地按照其中几个维度进行设计。

5.5.2 应关注的3个关键点

（1）对比行业标杆企业时，应该将战略目标维度的各个要素综合在一起进行对比，不要忽视它们之间的联系。

（2）选取的指标及指标值要适合本企业，不仅要适合本企业目前的发展状态，还应该具有一定前瞻性，符合企业未来的发展趋势。

（3）无论是数据库的构建过程，还是数据库的运营和应用，都要时刻注意数据库系统的安全性和保密性。

—基本法—

第一条　从战略目标、业务领域和市场环境等维度对比行业标杆企业指标。
第二条　无论是从横向设计维度，还是从纵向设计维度设计指标时，都必须适合本企业的实际发展需要。
第三条　数据库的有效应用是指标设计工作的落脚点。
第四条　考核指标尽量是量化指标。
第五条　考核指标最好在3个以内。
第六条　考核指标要直接指向关键业务和主要目标。
第七条　对标的企业要有可参照性，指标最好具有可指导性和对比性。
第八条　最终要形成适合本企业的考核指标。

机械制造行业
考核指标设计

第6章

应该考核什么：指标选取标准

某企业每季度对各部门进行绩效考核，每个部门有10个考核指标，每个岗位对应有10~15个考核指标。各个部门的考核指标构成大致相同。比如销售部和生产部的考核指标都包含计划管理、工作完成情况和部门财务等3方面。这两个部门每次都按照这些指标进行考核，但达标情况不尽理想，员工情绪有些低落。

该企业每季度进行绩效考核，同时又有各个部门的考核量表。虽然从表面上看，没什么问题，但各个部门的考核指标都大致相同，这不仅忽略了绩效指标与企业的长远发展战略的联系，还忽略了各个部门的差异性。因此，考核指标的选取必须要有一定的依据和维度，绩效考核才能真正地发挥作用，才能为企业发展助力。那么，在选取指标时，有哪些依据和维度可以参考呢？

6.1 指标选取依据

6.1.1 基于战略目标

基于战略目标选取指标，就是将战略目标逐层分解，找出各项业务驱动的关键因素价值，最后选取与各项业务关键价值驱动因素有紧密联系的指标，具体步骤如图6-1所示。

确定战略总目标和分目标	确定企业战略的总目标，然后对企业战略的总目标进行层层分解，确保所有部门和员工的努力方向与企业的发展战略一致
用业务价值树决策分析	企业的战略目标确定以后，利用业务价值树进行决策分析，对战略方案和计划进行评价，并按照它们创造企业价值的大小进行排序，建立企业的价值体系，并以此找出企业中数目有限的关键价值驱动因素
分析各项业务关键驱动因素	进行关键驱动因素的敏感性分析，找出对企业整体价值最有影响的几个财务指标，然后将滞后的财务价值驱动因素与现行的非财务价值驱动因素连接起来。通常借用平衡计分卡的分析思路，通过目标分解来建立这种关系
确定关键业绩指标	根据分析得出的关键价值驱动因素（其中包含财务价值驱动因素和非财务价值驱动因素），确定驱动关键价值因素的部门和岗位，针对部门和岗位，选取关键业绩指标

图6-1 基于战略目标选取指标的步骤

6.1.2 基于平衡计分卡

基于平衡计分卡选取指标，主要是通过平衡计分卡的4个维度来设计、选取相应的绩效考核指标。

1. 平衡计分卡的核心

平衡计分卡的核心是通过财务、客户、内部运营、学习与成长4个维度表明指标之间相互驱动的因果关系，实现绩效评价、战略实施、战略修正的目标。平衡计分卡的设计思想如图6-2所示。

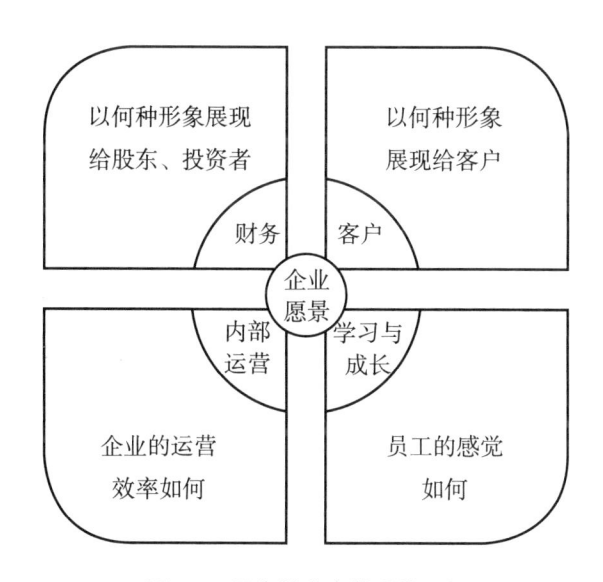

图6-2 平衡计分卡的设计思想

2. 基于平衡计分卡选取指标示例

运用平衡计分卡的设计思想和方法，设计并构建企业指标体系，既兼顾了人力、物力和财力三大资源的相互结合与平衡，又体现了企业的投入与产出，以及生产经营的过程与工作成果的统一性和协调性。表6-1是平衡计分卡的4个维度与指标选取关联示例。

表6-1 基于平衡计分卡选取指标示例

维度	企业级		部门级		主要负责部门
	关键成功因素	企业级绩效指标	关键成功因素	部门级绩效指标	
财务	提高资产利用率	总资产周转率	加速应收账款周转率	应收账款周转率	财务部门
客户	提高最终客户满意度	最终客户满意度	提高大客户满意度	大客户满意度	销售部门

续表

维度	企业级		部门级		主要负责部门
	关键成功因素	企业级绩效指标	关键成功因素	部门级绩效指标	
内部运营	提高技术创新水平	技术创新综合指数	提高技术开发的有效性	新产品计划销售收入达成率	技术开发部门
学习与成长	持续提高员工技能水平	员工技能提升率	制订合理、有效的培训计划	培训计划制订的及时性和质量	人力资源管理部门

6.1.3 基于部门职能和岗位职责

基于部门职能和岗位职责选取指标，即将部门职能和岗位职责梳理清晰之后，再选取与之关联紧密的指标。

1. 基于部门职能选取指标

基于部门职能选取指标，主要从各个部门所承担的职能和业务范围角度，对企业的中期、短期或年度目标进行逐级分解，进而形成覆盖到各个部门、项目、小组乃至岗位人员的考核指标。

这种选取指标方式的优势是能突出各级部门及其主管的参与性；劣势是所选取的指标可能更多地偏向于对部门管理责任的考核，而容易忽略子系统下的各个分支系统作业流程责任的细化和落实。表6-2是基于部门职能选取指标的示例。

表6-2　基于部门职能选取指标示例

部门	指标侧重	指标名称
市场部	市场份额指标	销售增长率、市场占有率、品牌认知度、销售目标完成率、市场竞争力
	客户服务指标	投诉处理及时率、客户回访率、客户档案完整率、客户流失率
	经营安全指标	货款回收率、成品周转率、销售费用投入产出比
生产部	成本指标	生产效率、原料损耗率、设备利用率、设备生产率
	质量指标	成品一次合格率
	经营安全指标	原材料周转率、备件周转率、在制品周转率

2. 基于岗位职责选取指标

基于企业中所有工作岗位的职责选取的指标，突出了企业中各类岗位人员工作任务的同质性和内容的一致性。

这种指标选取方式的优势在于能够调动每个专业人员或工种、工序操作人员的积极性。根据岗位职责选取的指标更多的是结果性指标，因此具有很强的目标指向性。每个人都明白自己现在的工作创造了什么价值，在企业中占多大的分量，这从系统的角度深化了目标管理。

这种按照工作岗位性质和特点及其分类方法设置绩效考核指标方式的劣势是增加了各个部门的管理难度，有可能出现忽视部门管理责任的现象。

因此，企业在实际设计和选取绩效考核指标时，往往会综合考虑部门职能和岗位职责，突出主要业务及工作任务。

6.1.4 基于业务流程控制关键点

基于业务流程控制关键点选取、设计指标，就是将流程的重点环节用可衡量的绩效指标体现出来，从而提升流程管理的有效性。

基于业务流程控制关键点选取指标主要有6个步骤，如图6-3所示。

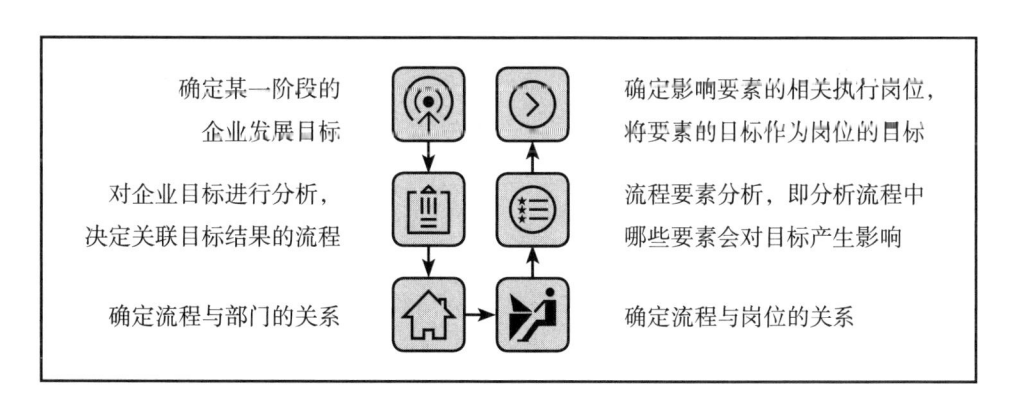

图6-3 基于业务流程控制关键点选取指标的步骤

表6-3为基于业务流程控制关键点选取指标的示例。

表6-3 基于业务流程控制关键点选取指标示例

职类	职位	职位定义	指标名称
管理类	财经	负责资产的计划、管理、使用与评估工作，对企业财经系统的安全与效益承担责任	预算费用控制、支出审核失误率、奖金调度达成率
管理类	人力资源开发	依据战略要求，保障人才供给，优化人才结构，提高员工整体素质，对人力资源管理与开发系统的有效运营承担责任	员工自然流动率、培训计划达成率、核心人才流失率
市场类	营销	负责产品市场拓展与商务处理工作，及时满足客户要求，对企业产品的市场占有率与覆盖率承担责任	销售目标达成率、销售增长率、销售费用投入产出比、货款回收及时完成率
市场类	营销支持	及时、有效地为营销活动提供支持与服务，对企业的产品与品牌的认知度、忠诚度、美誉度承担责任	市场占有率、品牌认知度、投诉处理率、客户档案完整率
市场类	采购	保障原材料的有效供应，对原材料的质量以及供应的及时性、有效性承担责任	采购任务达成率、采购价值指数、供应商一次交货合格率

6.2 指标选取维度

6.2.1 业务达成维度

从业务达成维度选取指标，主要是选取能够反映工作岗位的主要工作职责或关键工作业绩达成情况的指标，一般按照如图6-4所示的3个步骤选取。

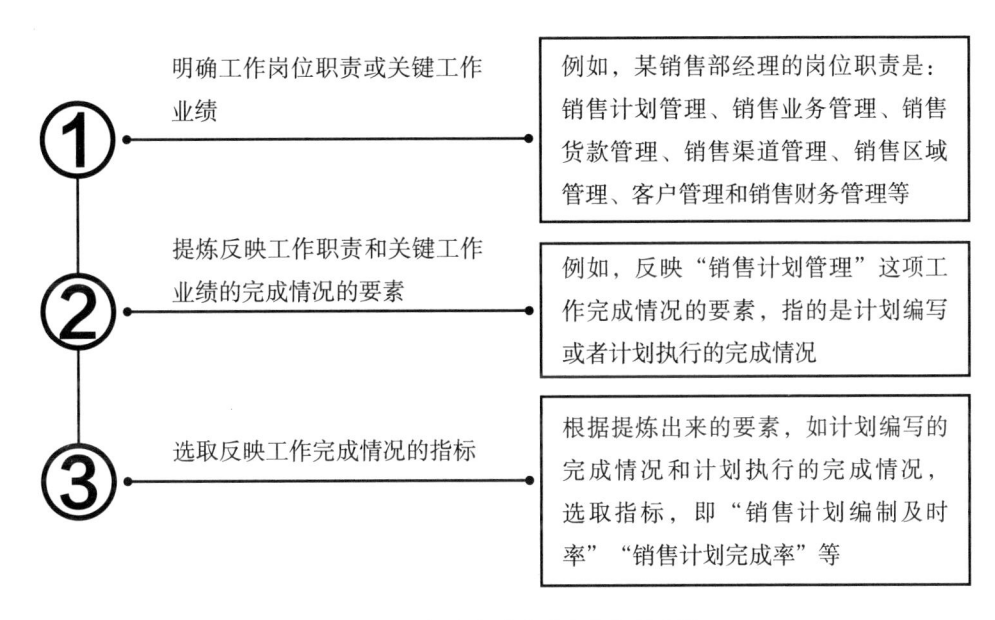

```
① 明确工作岗位职责或关键工作业绩 ——— 例如，某销售部经理的岗位职责是：销售计划管理、销售业务管理、销售货款管理、销售渠道管理、销售区域管理、客户管理和销售财务管理等

② 提炼反映工作职责和关键工作业绩的完成情况的要素 ——— 例如，反映"销售计划管理"这项工作完成情况的要素，指的是计划编写或者计划执行的完成情况

③ 选取反映工作完成情况的指标 ——— 根据提炼出来的要素，如计划编写的完成情况和计划执行的完成情况，选取指标，即"销售计划编制及时率""销售计划完成率"等
```

图6-4 业务达成维度选取指标的步骤

6.2.2 业务提升维度

按照业务提升维度选取指标，主要是选取能够指导岗位员工改进工作绩效、促进工作业绩提升的指标。不同类型的岗位选取关于业务提升指标有不同的侧重点。

1. 上山型岗位

上山型岗位对责任的要求高于对技能与解决问题的要求。其典型代表有总经理等高层管理人员、销售人员等。这类岗位以业绩为中心，主要选取销售量或增长率、回款率等方面的指标。

2. 平路型岗位

平路型岗位对责任的要求与对技能、解决问题的能力的要求同等。其代表有行政、人事、文秘等职能类工作人员。为了促进此类岗位人员提升工作业绩，一般选取工作处理及时率、完成率、准确率和满意度等方面的指标。

3. 下山型岗位

下山型岗位对责任的要求低于对技能与解决问题的要求。其代表有研发人员、设计人员、工程师等。此类岗位注重任职资格、技能水平，为了提高其工作绩效，一般选取研发成功率、开发数量、开发周期等方面的指标。

6.2.3 价值创造维度

从价值创造维度选取指标,主要选取能够反映业务价值链中创造的价值的指标。

根据波特价值链,企业的价值创造活动主要分为基本活动和支持性活动。基本活动又分为4个环节,即研发、生产、营销和客户服务。支持性活动分为物料管理、人力资源、信息系统和企业基础架构4个环节。不同的价值链环节,创造的价值有所不同,选取的指标也有所区别,如表6-4所示。

表6-4 价值创造维度选取指标示例

价值创造活动	价值链环节	创造的价值	体现创造的价值的指标示例
基本活动	研发	通过卓越的设计改善产品性能,增加产品价值,并有助于提高生产效率,降低生产成本	新产品开发数量、新产品产值率、专利相对产出指数、研发项目成功率等
	生产	生产出高品质和低成本的产品	优良品率、废料率、生产成本降低率、产能利用率等
	营销	能提高企业产品在客户心中的地位,并发现客户需求,搜集的需求有助于设计出更好的产品	客户份额、铺货率、销售回款率、渠道覆盖率等
	客户服务	提高客户忠诚度	客户意见反馈及时率、客户投诉处理及时率、客户满意率等
支持性活动	物料管理	提高物料从投入到加工、生产、销售过程的效率,降低成本	物料入库差错率、质量损失率、成品抽查合格率、优等品产值率等
	人力资源	使员工的生产力提高,客户服务的质量得到改善	培训计划完成率、劳动争议发生次数、劳动力损失当量等
	信息系统	显著提高企业管理的效率	系统运行完好率、信息系统维护及时率、信息系统事故次数等
	企业基础架构	保障企业所有的价值创造活动	企业战略目标实现率、主营业务收入、净资产收益率等

6.2.4 未来导向维度

从未来导向维度选取指标，主要是选取能够引导岗位实现企业未来战略的指标。由于平衡计分卡能够将企业未来发展的战略地图与考核指标紧密相连，因此，从未来导向维度选取指标时，可以借助战略地图和平衡计分卡等管理工具，如图6-5所示。

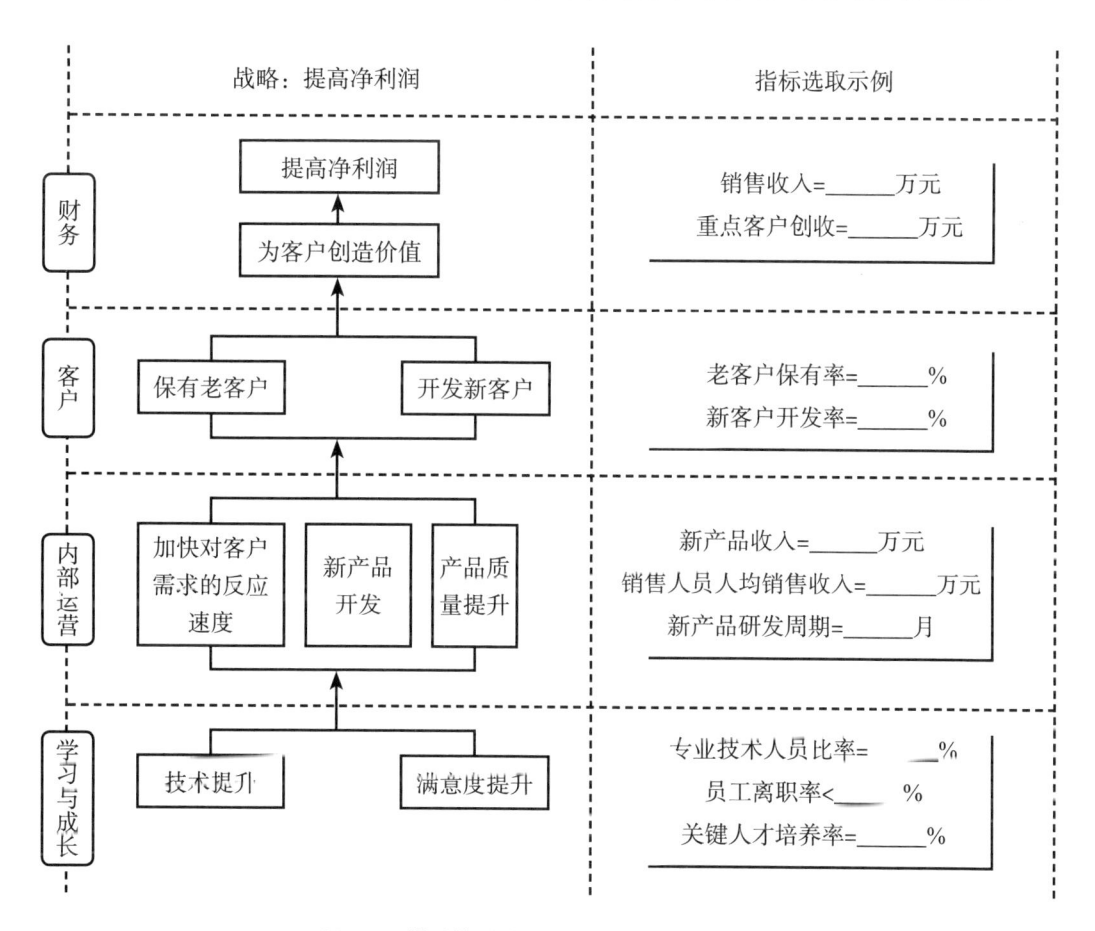

```
战略：提高净利润                        指标选取示例

财务     ┌─提高净利润─┐          销售收入=_____万元
         └─为客户创造价值─┘       重点客户创收=_____万元

客户      保有老客户  开发新客户    老客户保有率=_____%
                                  新客户开发率=_____%

内部运营  加快对客户   新产品   产品质量   新产品收入=_____万元
          需求的反应   开发     提升       销售人员人均销售收入=_____万元
          速度                            新产品研发周期=_____月

学习与成长  技术提升   满意度提升   专业技术人员比率=_____%
                                  员工离职率<_____%
                                  关键人才培养率=_____%
```

图6-5 借助战略地图和平衡计分卡选取指标

6.2.5 领导要求维度

按照领导要求选取有关的指标，即选取上级领导重点强调或有特殊要求的指标。按照领导要求选取指标时，有3个要点，如图6-6所示。

	选取指标前，首先明确领导重点强调或有特殊要求的指标
	当领导要求的指标与其他指标有重叠时，通过分析进行取舍，并予以说明
	当领导要求的指标与其他指标有冲突或矛盾时，需要与领导确认并分析，最后确定选取的指标

图6-6 从领导要求维度选取指标的要点

6.3 指标选取例外情况

6.3.1 例外原则

针对例外情况的指标，也有例外的处理原则。

1. 例外指标的范围

（1）某些考核指标不属于岗位关键绩效考核指标，但该指标的考核内容属于领导关注的、具有协同性或阶段性的重点工作。

（2）符合企业战略目标需要，须重点关注但不易控制的指标。

（3）符合企业管理需要，但考核数据获取难、评价主观性强的指标。

2. 例外指标的选取方式

对于以上3种类型的指标，一般不选取其作为绩效考核指标，而是放入个人其他重点工作或加减分项。若根据考核工作实际情况，一定要选作绩效考核指标，则指标的权重设置宜慎重，须综合考虑相关情况。

6.3.2 例外情况示例

1. 示例一

某企业某部门的某岗位需要配合、协同其他部门完成某项临时工作,为了进行绩效考核而设计"××项目完成情况"这一指标。该指标不属于岗位关键绩效考核指标,但其考核内容确实为阶段性重点工作。因此,该指标可作为该岗位人员项目期间绩效考核的指标,放入个人其他重点工作中进行考核。

2. 示例二

"××工作完成的及时性、准确性"这一指标在考核时,"及时性"可以通过时间来评价;而对"准确性"进行考核时,考核数据的获取和评价则存在较强的主观因素。因此,如果该工作不是员工主要业务职责范围内的,宜将该指标放入个人其他重点工作或加减分项中进行考核。

6.4 指标选取标准基本法

6.4.1 应注意的3个问题

(1)企业选取考核指标时,无须硬性规定具体使用哪些依据和选取维度,可以根据各部门、各岗位的业务特性,灵活安排。

(2)指标选取结束后,被选中的考核指标不是一成不变的,应根据每年企业的发展需求、指标选取依据和维度的变化进行调整。

(3)仔细参考指标选取依据和指标选取维度,不可随意将一些指标纳入例外情况。

6.4.2 应规范的3个事项

(1)针对指标的选取工作,规范企业高层、绩效管理部门和各部门经理的相关工作职责。

（2）选取指标时，企业的高层、绩效管理部门和各部门经理应该讨论具体的选取依据和选取维度，并达成共识。绩效管理部门负责记录，并形成文件。

（3）选取指标后，应该将指标的选取依据和选取维度向各部门的管理人员进行说明，使各部门管理人员理解指标的价值和意义。

—基本法—

第一条　选取指标时，应以战略目标、平衡计分卡、部门职能和岗位职责、业务流程控制关键点为主要依据。

第二条　具体选取指标时，从业务达成、业务提升、价值创造、未来导向和领导要求等维度进行选取。

第三条　不论是指标选取依据还是指标选取维度，都需要在具体分析企业的业务发展和各部门岗位的实际需求之后再予以确定。

第四条　指标选取要尽量量化。

第五条　选取指标时要和掌握指标数据的部门进行沟通。

第六条　指标的选取务必按照部门和岗位的实际情况。

第七条　指标不是一成不变的，要根据业务情况的变化而变化。

第八条　每个年度审核和评估指标一次。

第九条　指标选取后，应该建立指标库。

质量部量化考核指标设计

第 7 章

考核几项合适：
指标数量标准

某企业随着营销团队人员扩大至近百人，总销售额突破3亿元，但原有的粗放式绩效考核模式表现出越来越多的问题。为解决这些实际问题，企业相继采用了目标管理、360度考核、平衡计分卡（Balanced Score Card，简称BSC）、关键绩效指标（Key Performance Indicator，简称KPI）等绩效考核管理工具，甚至一个岗位的考核指标数量多达10余个，但实际效果并不理想。虽然销售额有所增长，但增长率不足10%，远低于行业平均水平。并且，企业通过调研发现，营销人员对新的考核方式认同感很低，抱怨考核脱离实际。

其实该企业想通过采用一些先进管理方法提升企业绩效并没有错，问题主要出在操作环节上。一是考核的指标过多，导致营销人员的工作重心偏移。二是考核的指标过细，加大了量化考核的计算难度和评估难度。高度烦琐的考核程序降低了考核效率。

所以，企业针对各个岗位设置的考核指标应有一定的数量标准，既不能过少且武断，也不能过多，无法发挥效用。

7.1 指标数量标准

7.1.1 指标数量范围

为了更好地实施绩效考核，规范企业绩效考核体系，绩效考核指标设置应遵循一定的数量标准。通常情况下，每个岗位的绩效考核指标数量应控制在3~6个，这其中不包括加减分项的数量。

1. 关键绩效考核指标数量

关键绩效考核指标指的是根据指标的选取依据和选取维度而选出来的主要指标。其数量一般控制在3~4个，占绩效考核指标总数的60%~80%。

2. 辅助考核指标数量

辅助考核指标作为关键绩效考核指标的补充，也有对应的数量标准。

辅助考核指标主要指的是未体现在关键绩效考核指标及项目内的工作，如上级指令、会议决议、阶段性工作等其他个人重点工作方面的指标。辅助考核指标的数量一般控制在1~2个，占绩效考核指标总数的20%~40%。

3. 加减分项指标数量

加减分项指标也是绩效水平的体现，需要根据具体岗位和具体项目的实际情况而定。其数量没有明确的要求，但不宜多，以免使考核实施过程更加困难、烦琐。

7.1.2 指标数量异常

1. 指标过少导致考核失常

岗位的绩效考核指标过少，只有集中的1~2个指标，可能无法实现绩效考核的目的，导致考核失常，绩效管理失效，具体如图7-1所示。

| 指标过少，只集中于某项业务或工作，会造成错误导向，使得员工的精力更偏重于能体现考核指标的工作上，而忽略其他业务工作或管理过程，导致绩效偏颇 | 指标过少，就无法全面、充分地体现企业战略目标和绩效管理核心，员工可能更多关注绩效考核指标的短期目标，而忽略长期发展目标，使得员工绩效与企业发展在一定程度上有冲突，导致考核失常 |

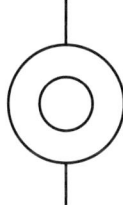

图7-1 指标过少导致考核失常

2. 指标过多导致考核失效

与绩效考核指标过少导致考核失常相对的问题是，许多企业设置岗位绩效考核的非核心指标过多，使绩效考核失去了应有的效果。

在实际中，企业设计绩效考核指标往往混淆结果考核指标和过程考核指标，把结果考核和过程考核掺杂在一起，不分权重、不加区别，使核心指标得不到应有的突出和重视。

过程考核指标过多往往会导致"欲速则不达"。繁杂的指标考核体系会束缚员工，尤其是生产、销售等一线员工，使其纠结于过程考核指标的细节之中而忽视更重要的工作。

此外，有时过程指标和结果指标是负相关的。例如，员工在工作过程中，可能会出现一种现象——做好了这项工作，可能会妨碍做好其他项工作。指标越多，出现矛盾的可能性就越大，员工就越无所适从。因此，过多的考核指标，也会加大绩效考核工作成本，耗费绩效考核人员的时间、精力，导致绩效考核失效。

7.1.3 例外情况

一般情况下，绩效考核指标数量控制在3~6个。针对一些考核的例外情况，指标的数量在实际中可以有所调整。因此，要明确针对例外情况的处理原则，即明确哪些情况下可以不按数量标准，适当增减绩效考核指标数量。在如图7-2所示的3种情况下，绩效考核指标的数量可以有所调整。

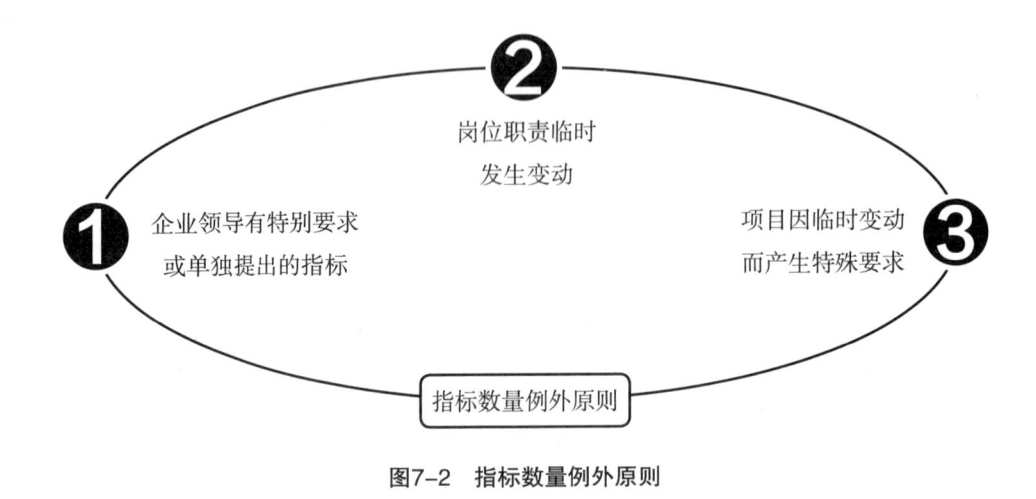

```
         ❷
     岗位职责临时
       发生变动
❶                        ❸
企业领导有特别要求    项目因临时变动
或单独提出的指标    而产生特殊要求

      指标数量例外原则
```

图7-2　指标数量例外原则

7.2　指标数量标准基本法

7.2.1　应规范的2个事项

（1）为达到绩效考核指标的数量标准，更精准地选取指标，应该将指标库中的指标分类，并标注类别及作用。

（2）明确绩效考核指标数量标准的同时，还应规范针对绩效考核指标数量例外情况的处理流程。

7.2.2　应注意的2个问题

（1）绩效考核指标数量指的是一次绩效考核中某岗位的指标数量总和。根据考核内容的不同，采用的考核指标也有所变化，不是千篇一律的。

（2）关键绩效考核的指标要求既含有关键绩效指标，又包含辅助考核指标和加减分项指标。其中，辅助考核指标和加减分项指标不是必需的，可根据实际需要调整。

—基本法—

第一条 一般情况下，一个岗位的绩效考核指标数量标准是3~6个。

第二条 关键绩效考核指标的数量一般控制在3~4个，占绩效考核指标总数的60%~80%；辅助考核指标的数量一般控制在1~2个，占绩效考核指标总数的20%~40%。

第三条 加减分项指标需要根据具体岗位和具体项目的实际情况而定，没有明确的数量要求，但不宜过多。

第四条 指标数量和企业所处的发展阶段有关系。建设期，一般主要关注重点任务。

第五条 如果以项目的方式进行考核，指标的数量一般不会超过3个。

第六条 指标的数量和任务目标有着必然的联系，有时可能只有1个目标。

第七条 加减分项一般用于完成还是没有完成，或者完成的比例。加减分项要非常明确，否则容易产生误解。

第八条 考核指标的选择有时也取决于业务的紧迫程度、难易程度和数量多少。

高层管理
关键绩效

第8章

目标值设定多少合理：指标目标值设定标准

　　某企业人力资源管理部在每年年初制定本年度部门及个人绩效目标时，工作难度较大，既费时费力又上下不讨好。如果目标值设定高了，员工怨声载道，那么绩效考核推进就困难；如果目标值设定低了，不仅领导不满意，而且会使总体的绩效考核表现都很优秀，却无法发挥出效用。而有的指标目标值设定得不合理，即使个人或部门目标达成了，整个企业的年度目标却没有实现。绩效管理可谓是举步维艰，人力资源管理人员也是一筹莫展，感叹道："设定指标目标值怎么就这么难！"

　　设定指标目标值是绩效考核实施过程中的重要一环，可以说在一定程度上决定了绩效考核的成功与否。那么如何科学、有效地设定绩效考核指标的目标值呢？作为人力资源管理人员，应该从指标目标值设定标准入手，明确指标目标值设定的程序和依据，并建设完善的企业绩效考核指标的目标库，以更好地支撑绩效考核的实施，促进企业绩效目标的实现。

8.1 目标管理与目标值调整

8.1.1 目标梳理

设定绩效目标,首先须梳理企业的战略目标,它决定了制定绩效考核目标的方向。由于绩效考核是为实现企业战略目标服务的,因此,绩效考核指标的目标设定应符合企业战略目标,并支撑年度绩效目标的达成。

梳理企业战略目标可以从业绩、能力和社会责任这3个维度出发,具体目标项目及对应指标示例如表8-1所示。

表8-1 企业战略目标梳理表

目标维度	目标对象	对应指标示例
业绩	收益性	资本利润率、销售利润率、资本周转率
	成长性	销售增长率、市场占有率、利润增长率
	稳定性	自有资本比率、附加值增长率、盈亏平衡点
能力	综合	战略决策、企业文化、品牌商标
	研发能力	新产品开发率、研发项目成功率、专利数量
	生产制造	生产能力、质量水平、合同执行率、成本降低率
	市场营销	市场开发拓展、客户维护、营销收益成本率
	人事组织	员工流失率、岗位胜任率、劳动风险
	财务能力	资金筹集能力、资金运用效率
社会责任	客户	客户投诉率、客户满意度
	股东	股票价格、股票收益率、分红率
	员工	薪酬水平、员工福利、培训完成率
	社会贡献	就业机会、公害防治程度、社会回报率、公益慈善

8.1.2 目标分解

在梳理企业战略目标之后，应将企业战略目标，层层分解到各部门乃至各岗位。具体来说，实施目标分解应遵循以下原则及标准。

（1）企业战略目标应与各职能部门及员工个人绩效的目标保持一致。

（2）下级目标要以上级目标为基础，其目标值不应低于上级的目标值，最好略高于它。

（3）当职能部门无法制定出与企业战略目标直接相关的目标时，一般将职能部门的重要工作事项所需达到的目标作为部门目标。

（4）分解的部门及个人绩效目标应力求明确、具体，并且是本部门、本岗位考核期内的工作重点。

（5）目标分解中设定的项目不宜过多，项目过多会使重点不突出，导致目标分散，容易使员工产生厌倦情绪。

（6）目标分解中所设定的目标值，应尽量通过数字来表示，如时间、金额、数量、百分比等。

（7）目标分解的数值不宜过高或过低。如果数值过低就会使目标容易达成，从而失去激励作用；反之，则容易产生一系列负面影响。因此目标设定的数值应力求客观，以稍高于实际情况为宜，这样既增加了目标的挑战性，又刺激了员工工作的积极性。

（8）企业中各项工作往往是环环相扣、相互关联的，因此所分解的目标若涉及需上级或其他部门配合完成的事项的，则应事先考虑周全，协商确定。

（9）所分解的目标应与本部门或本岗位的职责相对应，避免目标重复（如上下级所定的目标或同级部门所定的目标完全相同）和目标断层（如下级所定的目标脱离上级的目标，导致上级目标无人承接）。

（10）通常目标分解中所设定的目标值应为本年度内可以完成的目标值，但由于一些行业和企业的特殊性，在目标分解中还应适当考虑长期目标。长期目标的最终完成时限虽然不在本年度，但可以制定出本年度应当完成的目标部分。

8.1.3 目标确定

企业人力资源管理部应根据目标分解体系，组织各部门确定本部门各岗位的绩效目标。各岗位的绩效目标应由上下级互相沟通，共同确定；各指标目标值应符合预算值、年度计划值，并参考行业标杆值、历史数据值等。各部门、各岗位绩效目标值确定后，由人力资源管理部汇总审核，经主管领导审批通过后执行。人力资源管理部根据审批确定的绩效目标值编制绩效考核表，组织实施绩效考核。

8.1.4 目标值调整

1. 总原则

目标值调整应遵循"根据企业预算、年度计划的变化而变化"的总原则。

指标目标值的调整可由被考核部门负责人根据实际情况提出，也可由战略管理部根据企业实际经营管理情况向上级领导提出，经财务部、战略管理部会审后，报企业领导审批通过后执行。

2. 失常目标值的矫正标准

目标值失常是指超出预定目标值1倍及以上的情况，目标值不能反映真实绩效，无法起到绩效的导向作用。

绩效考核实施部门应将目标值失常情况及时上报，予以审查，在查明原因、综合评估后，对指标目标值进行调整。

8.2 目标值设定依据

8.2.1 指标预算值

部分绩效指标，尤其是涉及财务、成本、生产、销售等方面的业务指标，往往是有预算的，因此这部分指标的目标值设定应主要依据预算值。

8.2.2 年度计划值

企业各部门、各岗位应根据企业相关年度计划值，分解制定绩效目标值。一般来说，可以从时间和部门2个维度入手。

（1）按照时间维度，将年度计划值分解，从而确定相关绩效指标的目标值。例如，某企业年度计划产值为1 000万元，那么生产部产值这一指标目标值可以按季度分解确定，第一、四季度产值目标值都是200万元，第二、三季度产值目标值都是300万元。

（2）按照部门维度，将年度计划值分解，从而确定相关绩效指标的目标值。例如，某企业年度计划销售额为1亿元，那么可根据销售部门设置的维度，将销售额这一指标的目标值分解，营销一部年度销售额目标值确定为4 000万元，营销二部年度销售额目标值确定为6 000万元。然后，可根据考核周期将目标值再次进行分解。

8.2.3 行业标杆值

为了使绩效目标更有挑战性、激励性，企业设置指标目标值时应充分考虑所在行业特性，参考一些行业标准值、标杆企业的目标值等。企业应建立相应的行业指标数据库，作为设置绩效指标目标值的考查依据。

企业一般从如图8-1所示的4个维度选取行业标杆值作为参考。

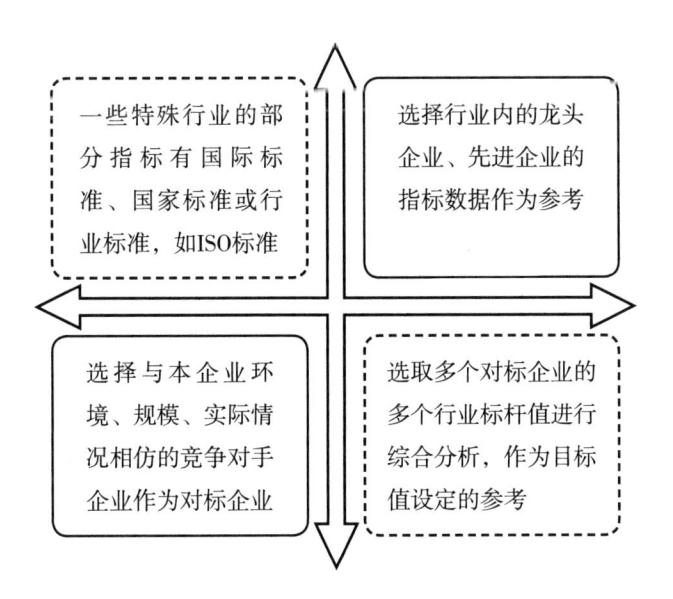

图8-1 行业标杆值的选取标准

- 一些特殊行业的部分指标有国际标准、国家标准或行业标准，如ISO标准
- 选择行业内的龙头企业、先进企业的指标数据作为参考
- 选择与本企业环境、规模、实际情况相仿的竞争对手企业作为对标企业
- 选取多个对标企业的多个行业标杆值进行综合分析，作为目标值设定的参考

8.2.4 历史数据值

设定绩效考核指标的目标值除了参考预算值、计划值、行业标杆值，还应该根据企业实际情况参考该指标的历史数据值。企业人力资源管理部应统计、归档每年度各绩效指标的目标值及实际完成值，建立相应的数据库，作为日后设定绩效指标目标值的参考。

一般来说，企业应参考本企业中同一绩效考核指标及相关指标前3~5年度的实际平均值来设定目标值。在取历史平均值时，应剔除由于特殊情况而产生的失常数值，以免降低参考性。例如，受到非典影响，某企业当年的营业额大幅度下滑，因此，此阶段指标值不应被用来计算历史平均值或作为参考值。

8.2.5 自行设定目标值

自行设定目标值的要求是，在每个月部门或岗位上可能临时发生的业务或工作中，其指标及目标值的设定应由被考核者本人于月初编制的工作计划中确定，经上级领导审批通过后执行。自行设定绩效考核指标目标值的标准要素如图8-2所示。

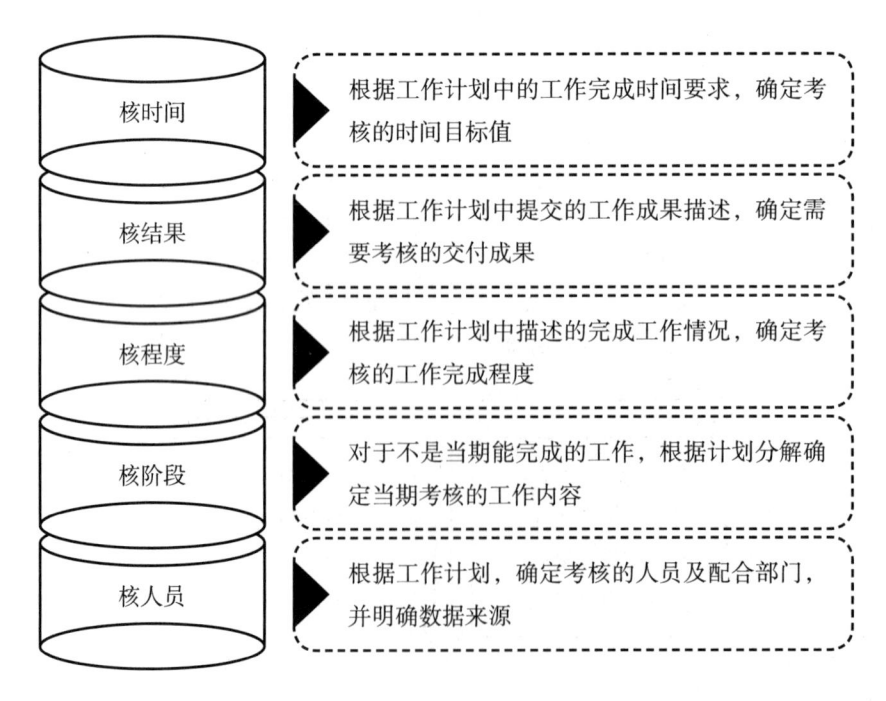

核时间	根据工作计划中的工作完成时间要求，确定考核的时间目标值
核结果	根据工作计划中提交的工作成果描述，确定需要考核的交付成果
核程度	根据工作计划中描述的完成工作情况，确定考核的工作完成程度
核阶段	对于不是当期能完成的工作，根据计划分解确定当期考核的工作内容
核人员	根据工作计划，确定考核的人员及配合部门，并明确数据来源

图8-2 自行设定绩效考核指标目标值的标准要素

8.3 指标目标库建设

8.3.1 目标库设计

企业应根据自身实际情况、绩效考核的需要设计目标库的各类项目，一般来说，应包括如图8-3所示的7个要素。

指标名称	企业的各项绩效考核指标，应与目标库对应
计量单位	绩效考核指标的计量单位应与统计的目标值单位一致，以便对比分析
目标值	本绩效周期内设定的指标目标值
挑战值	本绩效周期内指标目标值的最大值或封顶值，这是具有挑战性的
警戒值	本绩效周期内指标目标值的最小值或保底值，如果低于该目标值则须引起警惕
历史值	可包含该项指标前3～5年度的历史实际值及平均值
行业标杆值	选取的行业标杆企业的对应指标实际值或目标值，一般可选取1～3个行业标杆企业

图8-3 目标库设计要素

表8-2为企业绩效指标目标库设计的示例。

表8-2 企业绩效指标目标库设计示例

序号	指标名称	计量单位	目标值	挑战值	警戒值	历史值				行业标杆值	
						1	2	3	均值	A公司	B公司

8.3.2 目标库更新

企业建立绩效考核指标目标库后，应由人力资源管理部派专人负责管理、跟踪和更新，以保证目标库的更新及时性，内容准确性、有效性。通常情况下，企业绩效指标目标库应遵循以下标准定时更新。

（1）目标库应根据绩效考核周期进行定时更新，并于每个绩效考核周期结束后统计、录入目标实际值。

（2）企业每年度应对目标库进行整体汇总、更新，并分析本年度绩效目标完成情况。

（3）企业每年度应定时通过内外部各种渠道对行业标杆值进行搜集并统计，以完善目标库。

（4）目标库与指标是相辅相成、互相对应的。因此，由企业实际情况、市场环境变化等因素导致指标设定出现变化时，目标库也应随之进行调整，以保证两者的统一性。

8.3.3 目标库应用

作为主管部门，人力资源管理部负责建立、更新、管理、跟踪和应用目标库。企业中高层管理者也可以将目标库作为经营管理及决策的参考依据使用。

企业应将绩效考核指标目标库进行电子化，嵌入企业信息化管理系统中，方便企业内部相关部门共享、查询和使用。

8.4 目标值设定基本法

8.4.1 应注意的4个问题

（1）目标值设定须承接企业战略目标。

（2）目标值分解要选择合适的维度和分解路径。

（3）目标值的确定要由上下级共同完成。

（4）目标值不是一成不变的，要根据绩效考核实际情况进行调整。

8.4.2 应避免的3种情况

（1）设定目标值切忌缺乏依据、脱离实际。

（2）目标值的设定不能脱离指标，要符合企业绩效管理体系。

（3）目标值的设定切忌一刀切、一言堂。

—基本法—

第一条　目标值调整应遵循"根据企业预算、年度计划的变化而变化"的总原则。

第二条　指标目标值设定遵循以下原则：首先要与预算和年度计划相匹配，预算或年度计划应不低于领导要求、行业标杆值或历史数据值，若以上均不满足，可自行设定目标值。

第三条　各个绩效考核指标目标值的设定依据指标预算值、年度计划值、行业标杆值和历史数据值等4类参考值。

第四条　企业根据自身实际情况以及绩效考核的需要，设计、更新、应用绩效考核指标目标库，为绩效考核服务。

第五条　目标值最好是定量的，定性的无法衡量。

第六条　目标值的选择可以根据不同的情况，确定为区间，但要说明使用的细则。

第七条　目标值的计量单位应该统一，否则无法根据权重得出最后的得分。或者最后都换算成统一的计量单位。

第八条　目标值的选取不是一成不变的，技术的进步会影响目标值，因此，要定期核对目标值，适时变化。

财务目标的设计

第 9 章

权重应该如何设计：
指标权重设计标准

乱象一：某房产中介公司在2010年进行战略调整，将其租房业务的重点从合租房中介业务转移到整租房中介业务，但是在其业务员的绩效考核指标体系中，合租房成交量和整租房成交量的权重依然为原有的权重值，即均为30%，这导致业务员仍将大部分精力投入在较为熟悉的合租房中介业务中，使得该公司整租房中介业务发展缓慢，进而导致公司战略调整失败。

乱象二：某在线住宿服务网站公司为了提高酒店签约率，将市场专员绩效考核指标体系中的酒店签约率的权重值提高至55%，同时将用户投诉率的权重值减少为20%，虽然使得网站的酒店签约率提高了20%，但用户投诉率也提高了40%，进而造成网站用户的大量流失。

企业在进行指标权重设计工作中，之所以出现上述乱象，原因主要有二：一是指标权重设置未以企业战略目标为导向，导致绩效考核体系与企业战略目标没有达成一致，阻碍企业战略目标的实现；二是指标权重值设置不合理，导致被考核者过于重视该指标所反映的业务职能或工作内容，而忽视其他相关的必要业务职能或工作内容，造成工作失衡或其他不良后果。

针对上述原因，企业绩效考核人员在进行绩效考核指标权重设计时，须准确把握权重设计标准，并熟练掌握权重设计方法，确保指标权重的科学性与实用性。

9.1 指标权重分配标准

9.1.1 指标权重设置一般标准

绩效考核指标权重是绩效考核指标在整个绩效考核指标体系中所占的比重,反映绩效考核指标在绩效评价中的相对重要程度。绩效考核人员如何进行指标权重设置,从而使所设置的指标权重科学、实用呢?

在设置指标权重时,绩效考核人员应遵循指标权重设置的总原则,即指标权重设置的一般标准。它是绩效考核人员进行有效指标权重设置的基本保障,其内容如表9-1所示。

表9-1 指标权重设置一般标准

序号	标准	标准说明
1	指标的权重须以企业的战略目标及经营重点为导向	◇有利于企业战略目标实现或充分反映企业经营重点的指标所占比重较大
2	每个指标的权重值一般在5%~40%	◇当权重值超过40%,可能导致员工忽视其他指标,进而造成绩效考核风险过于集中 ◇当权重值低于5%,可能导致绩效考核指标缺乏影响力
3	岗位层级不同,各类指标权重设置不同	◇岗位层级越高,财务性经营指标和业绩指标的权重越大 ◇岗位层级越低,工作结果类指标的权重越大
4	权重一般为5的整数倍	◇可简化绩效指标的计算难度

9.1.2 指标权重分配标准

绩效考核人员依据指标权重设置的一般标准,来设计指标权重分配标准,从而展开指标权重的分配工作。

1. 关键绩效考核指标权重分配标准

关键绩效考核指标是指与企业业务达成、业务提升、价值创造、未来导向及领导要求相关的重要指标。一般情况下，绩效考核人员可根据指标的不同情况，将关键绩效考核指标分为A、B、C三类，其总权重范围须控制在60%~75%，具体划分和分配设置标准如表9-2所示。

表9-2 关键绩效考核指标划分及权重分配标准

关键绩效指标类型	划分依据	权重分配标准
A	制约企业战略目标实现的瓶颈指标	不低于30%
B	企业要求在某领域有重大突破，或制约企业价值创造的关键、重要指标	不低于20%
C	与部门重点工作或主要业务相关的指标	不低于20%

2．工作承接类指标权重分配标准

工作承接类指标是指反映岗位上下级之间工作衔接的指标，其权重分配标准如图9-1所示。

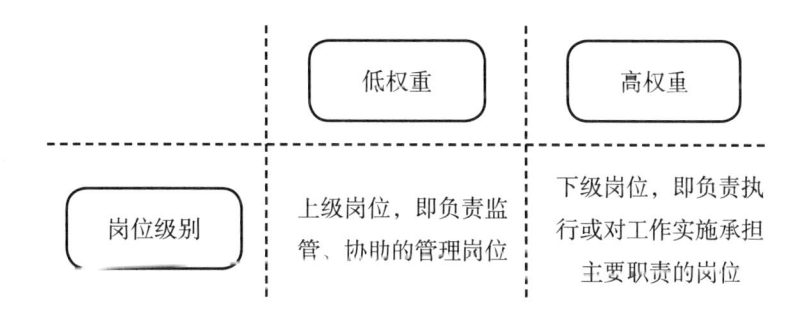

	低权重	高权重
岗位级别	上级岗位，即负责监管、协助的管理岗位	下级岗位，即负责执行或对工作实施承担主要职责的岗位

图9-1 工作承接类指标权重分配标准

3．过程指标和结果指标权重分配标准

在进行过程指标和结果指标的权重设计时，绩效考核人员首先要了解：在一般情况下，不得同时为单项业务职能或工作内容设置过程指标和结果指标，即对于单项业务职能或工作内容的考核，应从过程或结果单个角度进行考核。而对于岗位整体所承担的各项业务职能或工作内容的考核，其结果指标与过程指标的权重分配标准是：结果指标所占权重较高，过程指标所占的权重较低。

需要特别指出的是，对于那些因为特别重要而需要同时从工作过程与工作结果两个角度进行考核的单项业务职能或工作内容，此权重分配标准同样适用。

4. 其他指标权重分配标准

对于企业具有导向性、阶段性的重要工作或重要决议等指标，在原则上绩效考核人员可将其列为加减分项，使其不占权重或为其分配较少权重。

9.2 指标权重设计方法

9.2.1 主观经验法

主观经验法是指绩效考核人员依据专业经验，并结合企业实际情况进行分析，以确定绩效考核指标权重的方法。绩效考核人员如何通过主观经验法确定指标权重，又如何保证各指标权重的合理性与有效性呢？

主观经验法有效实施的关键是主观经验的丰富性与科学性。主观经验既包括企业内部自身的经验，也包括企业外部其他同行业企业的经验，从而确保主观经验的来源丰富、实用且合理。

因此，绩效考核人员使用主观经验法设计指标权重时，首先需要研究、分析企业历史绩效考核指标权重的设置情况和应用情况，及企业外部其他同行业企业绩效考核指标权重的设置情况，并将分析结果作为当前绩效考核指标权重设计的依据，然后对企业各岗位的特征进行分析，并结合绩效考核示意图分配各指标权重。

主观经验法具有决策效率高、成本低的优点。但由于其实施依赖于主观经验，获得的数据的可信度和有效性较低，且主观经验法对绩效考核人员的要求较高。因此，其适用性受到一定限制，主要适用于专家治理型企业或规模较小的企业。

9.2.2 权值因子法

权值因子法是将指标重要性进行比较，并依据比较结果确定指标权重的方法。该方法的关键工作是确定考核指标的重要程度，但是企业如何确定各考核指标的重要程度，又如何依据考核指标的重要程度确定指标权重呢？

1. 确定评价人员

绩效考核指标重要性的评价工作主要由评价小组完成,而评价小组主要由三部分人员构成,即人力资源管理部绩效考核管理人员、岗位相关人员、外聘专家。

2. 指标重要性比较

评价小组成员须编制权值因素评价表,对各个指标的重要性进行比较。权值因素评价表示例如表9-3所示。

表9-3 权值因素评价表示例

序号	考核指标	指标1	指标2	指标3	指标4	评分值
1	指标1	—	3	2	0	5
2	指标2	1	—	1	0	2
3	指标3	2	3	—	0	5
4	指标4	4	4	4	—	12
评价人				日期		
备注	两个指标比较的得分标准如下: ◎ 非常重要的指标得分为4分 ◎ 比较重要的指标得分为3分 ◎ 一般重要的指标得分为2分 ◎ 不太重要的指标得分为1分 ◎ 很不重要的指标得分为0分					

3. 确定指标权重

评价小组组长须对各评价人员的评价结果进行统计,编制权值因素统计表,确定各指标权重。权值因素统计表示例如表9-4所示。

表9-4 权值因素统计表示例

序号	绩效指标	评价人员	评分汇总						平均评分	权重	调整后权重
			甲	乙	丙	丁	戊	汇总			
1	指标1	5	4	6	5	6	5	26	5.2	22%	20%
2	指标2	2	4	3	2	2	2	13	2.6	11%	10%

序号	绩效指标	评价人员	评分汇总						平均评分	权重	调整后权重
			甲	乙	丙	丁	戊	汇总			
3	指标3	5	5	4	6	5	5	25	5	21%	20%
4	指标4	12	11	10	11	11	12	55	11	46%	50%
计算说明	\multicolumn{11}{l}{平均评分 = $\dfrac{评分汇总}{评价人数}$ 权重 = $\dfrac{各指标的平均评分}{\sum 各指标平均评分} \times 100\%$ 评价小组对权重计算结果进行讨论沟通，并调整、确定最终指标权重}										

9.2.3 德尔菲法

德尔菲法是绩效考核人员组织多名相关岗位专家进行指标权重设计的方法。德尔菲法依靠专家的经验与知识，分别进行多次指标权重推算，然后再汇总、平均，从而确定指标权重。德尔菲法的实施关键有3点，即选好专家、匿名反馈、小组统计。其具体实施程序如下。

1. 设计调查表

绩效考核人员根据绩效考核的实际需要设计调查表，并准备相关背景资料。调查表主要包括如图9-2所示的3项内容。

2. 选择专家

绩效考核人员根据绩效考核的需要、企业的实际情况以及岗位特征，选择适当的人选作为专家进行指标权重设计。绩效考核指标权重设计专家一般来源于如图9-3所示的4类人员。

3. 征询专家意见

绩效考核人员将调查表分别送至各位专家手中。各位专家须独立完成调查表的填写，并在规定时间内将调查表匿名提交，然后等待绩效考核人员反馈统计信息并对其进行分析后，再次独立填写调查表，表达个人意见，并匿名提交，直至各位专家就相关内容达成一致。

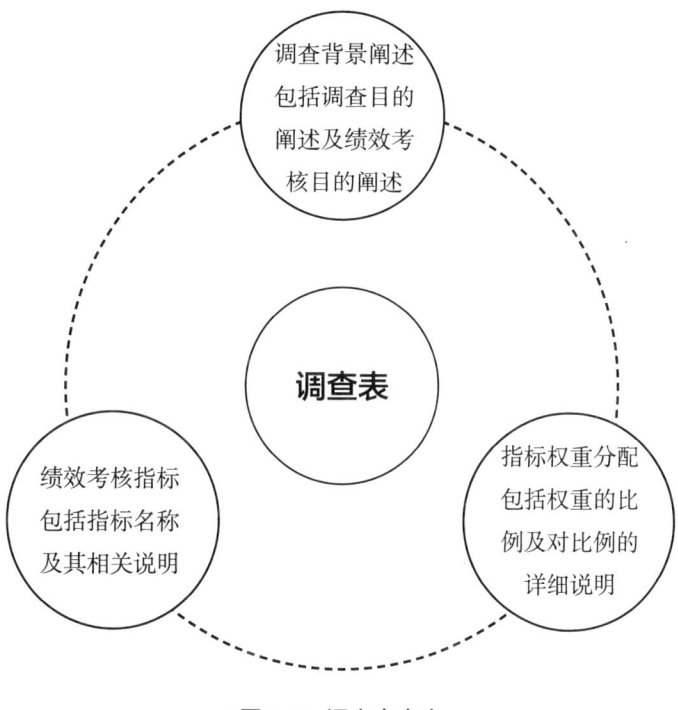

图9-2 调查表内容

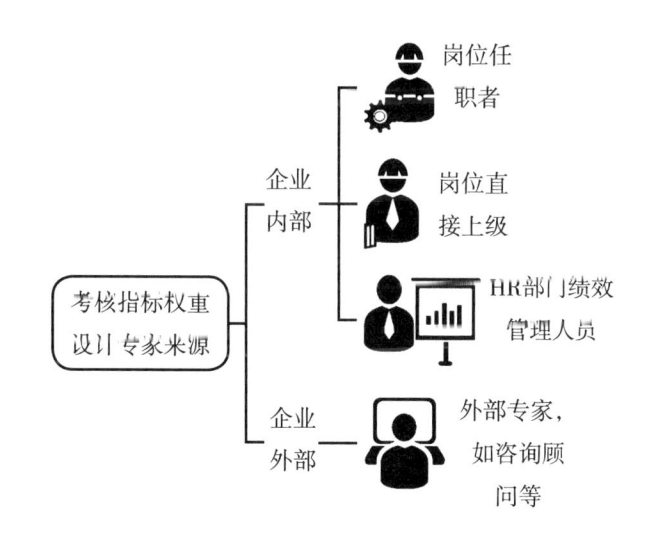

图9-3 考核指标权重设计专家来源

4. 数据统计分析

绩效考核人员须将各位专家提交的调查表进行整理、汇总，并及时将统计信息反馈至各位专家，使其对相关内容作出新的判断，然后对各位专家再次提交的调查表进行汇总，如仍未达成一致，则再次将信息反馈至各位专家，直至达成较一致的专家意见。

9.3 指标权重例外情况

9.3.1 例外原则

在进行指标权重设计时，绩效考核人员除了遵守权重设置的一般标准，还应根据企业绩效考核的实际需要进行例外情况下的指标权重设计，以加强指标权重设计的实用性，从而使指标权重与企业的实际需要更加契合。

指标权重设计的例外情形主要为指标权重值较高，即指标的权重超过一般标准中规定的权重值上限（40%）。出现此例外情形的原因主要为：指标所反映的业务职能或工作内容在企业业务或岗位职责中占有至关重要的位置，是企业开展业务及岗位任职者开展工作的重点。因此在绩效考核中，此类指标的权重分配较高，目的是突显其在绩效考核体系中的至关重要性。

9.3.2 例外情况示例

由于企业战略或业务的特殊性，在企业绩效考核工作中，对于反映企业生产经营活动核心业务的绩效考核指标，其权重值超过40%，甚至超过50%的例外情形经常会出现。例如，在国内某阿胶生产企业中，驴皮作为阿胶生产的主要原料，由于其采购情况直接关系到企业生产经营活动能否顺利进行，因此驴皮采购量这一指标在驴皮采购部的绩效指标体系中所占比重较大，是该部门各级人员绩效考核的关键指标。该企业驴皮采购部负责人的绩效考核指标权重表如表9-5所示。

表9-5 驴皮采购部负责人绩效考核指标权重表

绩效考核指标	指标权重
驴皮采购量	70%
直购终端网络建设	15%
驴皮供应商目标完成率	10%
决策主要工作	5%

9.4 指标权重设计基本法

9.4.1 应避免的4种情况

绩效考核人员在设计指标权重时，应避免如图9-4所示的4种情况，确保指标权重设计工作的有序展开。

1 指标权重未能准确体现企业的战略要求，甚至与企业战略要求相背离

2 指标权重趋同，未根据各指标的重要程度进行区分

3 指标权重值局限于一定的范围，未根据企业绩效考核的实际需要设置适当的权重

4 不同级别或类别岗位的绩效考核指标权重值设置相近，难以准确反映不同级别或类别岗位的绩效考核需要

图9-4 指标权重设计应避免情况

9.4.2 应规范的3个事项

绩效考核人员在设计指标权重的过程中，应规范如图9-5所示的3个事项，确保指标权重科学、实用。

事项一 绩效考核人员在设计指标权重时，应遵守权重设置的一般标准及分配标准

事项二 绩效考核人员应根据企业绩效考核的实际需要，结合企业实际情况，选择合适的权重设计方法进行指标权重设计

事项三 当指标权重属于指标权重设计例外情形，并与一般标准的要求不符时，绩效考核人员应根据企业战略要求及业务特征，按照例外原则进行指标权重设计

图9-5 指标权重设计应规范事项

—基本法—

第一条 指标权重须体现出企业战略目标要求及经营重点。
1．直接反映企业战略目标要求的指标权重高，不能直接反映企业战略目标要求的指标权重低。
2．与经营重点直接相关的指标权重高，与经营重点相关性差的指标权重低。
第二条 绩效考核指标体系中的每个指标的权重值一般不得低于5%，同时不得高于40%，但须注意重要考核指标权重高于指标权重上限的例外情形。
第三条 岗位职级不同，各类指标权重设置不同。
第四条 指标权重设计的方法选择要恰当。
1．专家治理型企业或规模较小的企业宜选择主观经验法设计指标权重。
2．非专家治理型企业或规模较大的企业适宜选择权值因子法、德尔菲法设计指标权重。

设计指标权重

第10章

年度、季度还是月度：
考核周期标准

年末，某企业人力资源管理部为了绩效考核忙得焦头烂额，既有员工月度绩效考核需要统计整理，又有年末绩效考核需要组织实施。营销部觉得月度考核太频繁，需要做的工作太多，负担大。而其他基层员工又认为只有年度考核，绩效激励不明显，员工没有积极性。但同时采用两种考核周期，无疑加大了人力资源管理部的工作量。

由于绩效考核需要耗费一定的人力、物力，考核周期过短会增加企业的管理成本，考核周期过长又会降低绩效考核的准确性，不利于员工工作绩效的改进，从而影响绩效管理的效果。因此，在设计绩效考核体系时应针对企业绩效管理实际情况，设计科学、合理的考核周期。

绩效考核周期是指在一定时间区间内对员工进行一次绩效考核，一般可分为月度考核、季度考核和年度考核。另外，根据企业所在行业的不同，某些特殊情况下还会出现按旬考核、按周考核、半年度考核和按项目节点考核等。

10.1 年度考核

10.1.1 适用对象

年度考核一般适用于企业的所有员工。对企业全体员工而言，年度考核是对全年工作的检验和考查。年度考核中不仅包含对所有员工经营业绩完成情况的考核，还包含对员工一年的工作能力、工作态度的考核。所以，对于企业来说，年度考核是一个相对综合、全面的绩效考核周期，配合日常的月度考核、季度考核，从过程到结果都可以做到比较完善的绩效监控。

但年度考核也会存在一些问题，比如考核的工作量问题。年度考核经常会和每年最后一个月的月度考核、第四季度的季度考核在同一时间段进行，不少员工发现有很多大同小异的表要填写，这会影响考核工作的进度。

10.1.2 指标特点

宜设置为年度考核的绩效考核指标，通常有如图10-1所示的特点。

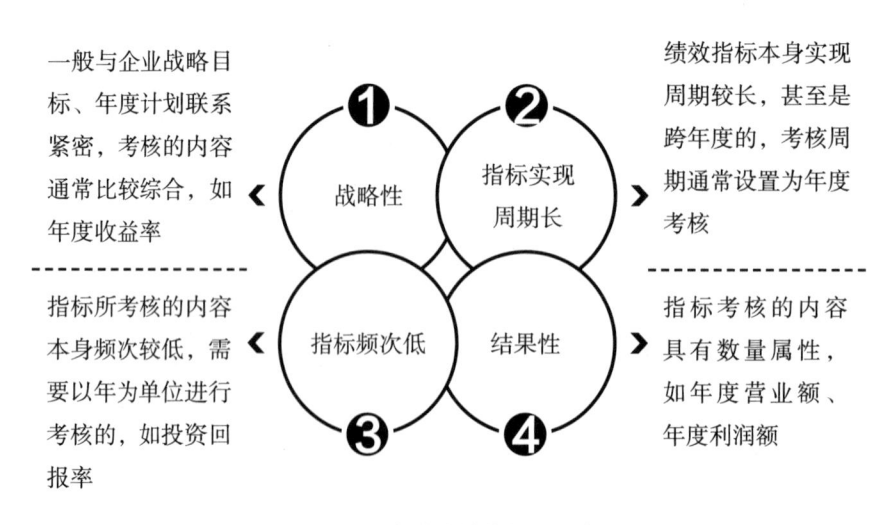

❶ 战略性：一般与企业战略目标、年度计划联系紧密，考核的内容通常比较综合，如年度收益率

❷ 指标实现周期长：绩效指标本身实现周期较长，甚至是跨年度的，考核周期通常设置为年度考核

❸ 指标频次低：指标所考核的内容本身频次较低，需要以年为单位进行考核的，如投资回报率

❹ 结果性：指标考核的内容具有数量属性，如年度营业额、年度利润额

图10-1　年度考核指标的特点

10.2 季度考核

10.2.1 适用对象

季度考核一般适用于职能部门、中高层管理人员，是对被考核者一个时期内工作的督导和评价。对大部分职能部门而言，以季度为考核周期的考核既可以避免月度考核工作量大的问题，又可以相对有效、及时地反映出各个岗位在对应时间内的工作成效。

然而，对于业务类、营销类等基层岗位而言，3个月的统计周期就显得有些长，不能很好地起到响应市场的作用。

考虑到中高层管理人员既要对企业整体的战略目标负责，又要对企业的整体经营目标负责，对其考核的很多指标都只适合在中长期进行，所以采用季度或半年度的考核较合适。

10.2.2 指标特点

宜设置为季度考核的绩效考核指标，通常有如图10-2所示的特点。

阶段性	观察跟踪	兼顾过程	管理性
季度考核指标一般都是对阶段性工作进行考核，是非短期内可反映绩效的指标	季度考核的主要作用在于对绩效管理过程的跟踪监控，因此季度考核指标往往是观察性指标	季度考核指标不仅要能考核阶段性工作成果，还要能评价工作过程	季度考核周期往往用于管理层，因此指标多为管理性指标，侧重于考查管理绩效
1	2	3	4

图10-2 季度考核指标的特点

10.3 月度考核

10.3.1 适用对象

月度考核一般适用于企业的基层员工。在考核的同时，配合绩效工资的发放，可以在短期内充分地调动员工的积极性，达到对员工及时激励、对企业生产及时纠偏的良好效果。但同时也要注意几个问题：首先，对基层员工进行月度考核无疑会加大部门经理、人力资源管理部等相关考核统计人员和部门的工作量；其次，月度考核之后所对应的月度绩效工资的发放，对企业的短期现金流有着相对较高的要求。另外，对于基层员工而言，月度绩效考核将使员工更加重视自己的短期行为，而忽视长期的成长和发展。

10.3.2 指标特点

宜设置为月度考核的绩效考核指标，通常有如图10-3所示的特点。

业务性	过程性	常态性	易操作性
以月度为考核周期的绩效指标，一般考核的是该岗位重要的职能或关键业务，带有明显的业务属性	用于考核、监控工作过程的指标一般设置为按月度考核（结果性指标也可以按月度考核）	对于岗位日常工作的考核一般以月度（季度、年度也可）为考核周期，因此月度考核指标一般具有常态性	由于月度考核的考核频次较高、工作量繁重，因此，以月度为周期进行考核的绩效指标应方便考核操作，且其依据来源应容易获取

图10-3 月度考核指标的特点

10.4 考核周期设计

10.4.1 考核周期设计依据

企业人力资源管理部应结合实际情况，充分考虑设计依据，确定绩效考核周期。企业设计绩效考核周期的主要依据包括以下几项。

（1）绩效考核周期应适应企业经营管理现状和绩效管理体系。

（2）绩效考核周期应符合岗位职责及工作内容的特点。

（3）绩效考核周期应与绩效考核指标的设计、选取相匹配。

（4）绩效考核周期应方便企业绩效考核的实施，有利于绩效改进的实现。

10.4.2 月、季、年周期结合

（1）中高层管理人员的评价周期：以半年或一年为评价周期，并且随着职位层级的提高，评价周期一般会逐渐延长。

（2）市场营销、生产、服务人员的评价周期：以月度或季度为评价周期，或者根据情况缩短评价周期。

（3）研发人员的评价周期：

①按照项目阶段确定评价周期；

②按照时间周期对研发人员进行评价；

③按照研发人员和研发团队的不同特点采用不同的评价方法和评价周期。

（4）行政职能人员的评价周期：以季度或者月度为评价周期。

在绩效考核中，因指标性质和考核周期的不同，可以从4个属性维度来考虑设置指标的考核周期，如图10-4所示。

结果属性

◎属于考核工作结果的指标，均可按月度、季度、年度周期考核

◎属于考核监控工作过程的指标，一般按月度考核

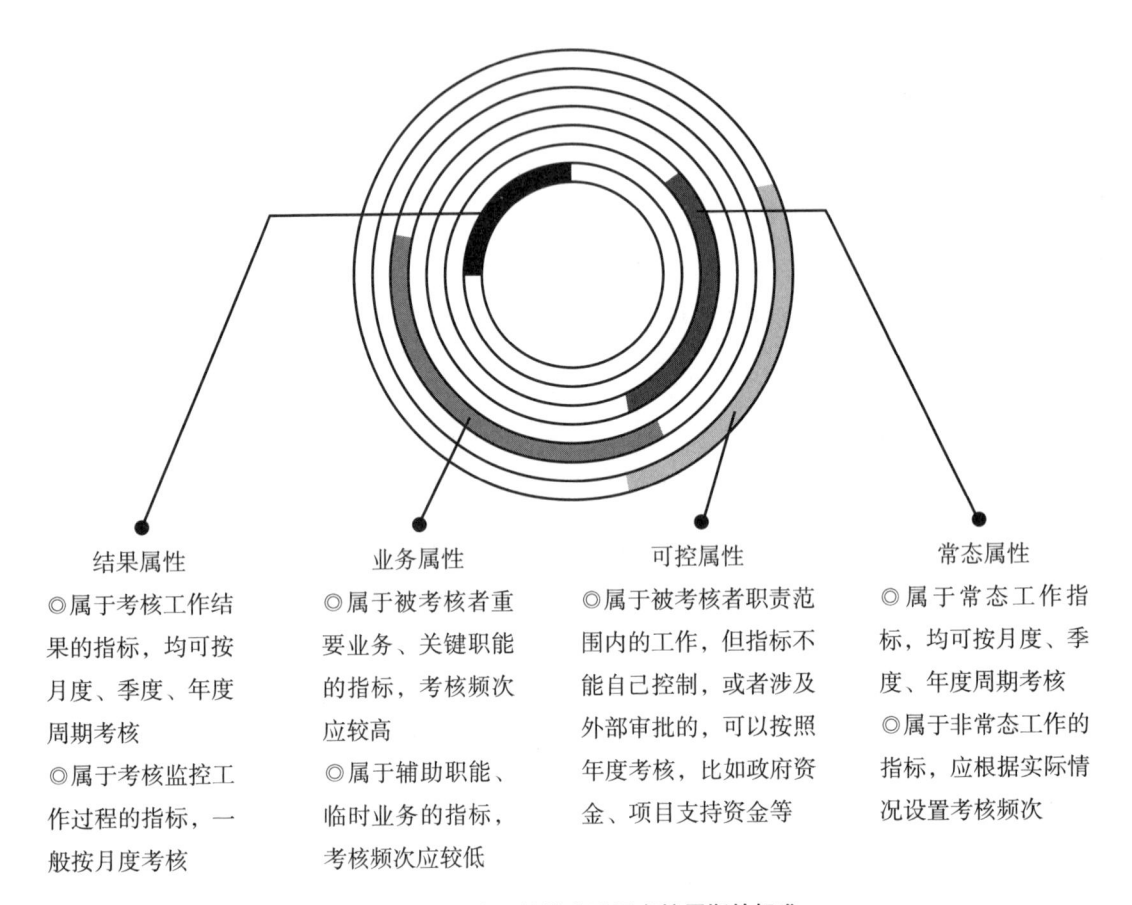

业务属性

◎属于被考核者重要业务、关键职能的指标，考核频次应较高

◎属于辅助职能、临时业务的指标，考核频次应较低

可控属性

◎属于被考核者职责范围内的工作，但指标不能自己控制，或者涉及外部审批的，可以按照年度考核，比如政府资金、项目支持资金等

常态属性

◎属于常态工作指标，均可按月度、季度、年度周期考核

◎属于非常态工作的指标，应根据实际情况设置考核频次

图10-4 从4个属性维度设置考核周期的标准

10.5 考核周期设计基本法

10.5.1 应注意的3个问题

运用考核周期设计基本法制定绩效考核周期时，应注意以下3个问题。

（1）绩效考核周期不是单独存在的，应与考核对象、考核指标保持协调一致。

（2）绩效考核周期不是单一的，可以结合使用多种考核周期，但须科学、合理，不能加重企业绩效管理负担。

（3）绩效考核周期不是一成不变的，根据企业管理实际、部门岗位变动、指标调

整，考核周期也要作出相应调整，以保证绩效考核的有效实施。

—基本法—

第一条　考核周期可采用月度、季度、年度考核相结合的方式。

第二条　各关键绩效考核指标考核周期标准设置如下。

1. 工作内容不同，考核周期不同。

2. 指标性质不同，考核周期不同。

第三条　项目的考核周期，应该是里程碑或者按照季度、半年度和年度考核。

第四条　企业建设期的考核周期，应该主要以季度为主，月度为辅。

第五条　销售的考核周期，一般以月度为主。

第六条　研发的考核周期，应该设有节点和里程碑，以节点和里程碑为准。

第七条　网络直播的考核周期，应该以场次和具体的销售额为主。

第八条　网络平台销售的考核周期，应该以每次或者每月，或者固定产品的销售量达成为考核周期。

第九条　管理者的考核周期，最好以年为主。

第十条　对于季节性比较强的产品，可以以淡旺季为考核周期。

产品研发人员
绩效考核方案

第 11 章

依据什么证明绩效：考核数据来源标准

某企业建立的绩效考核体系已比较完善，不仅有自己的绩效指标库、绩效管理制度，还有各部门、各岗位的绩效考核量表等工具。但负责绩效考核的人力资源管理部副总还是觉得绩效考核的实施有些力不从心，尤其是在每个绩效考核期末，搜集考核数据，评定考核结果的时候。虽然已经有完善的考核标准、方法和工具，但有的指标难以获取考核数据，有的指标则是考核数据繁杂，而有的部门又总是不能及时给出考核数据依据，绩效考核实施起来仍旧问题不断。

如何解决企业搜集考核数据乱、处理考核数据烦、运用考核数据难的问题呢？作为人力资源管理部，应明确实施绩效考核要依据什么来证明绩效，即明确考核数据来源标准。简单来说，要做到四点：明确考核数据来源渠道、制定考核数据采用原则、掌握考核数据搜集方式、规范考核数据来源要求。

11.1 考核数据来源渠道

11.1.1 被考核者及其上级

大多数考核指标的数据来源于被考核者自身和考核者（一般为被考核者的直属上级），因此被考核者及其直属上级是绩效考核数据的一大主要来源。

被考核者提供的考核数据通常来源于以下3个方面。

（1）上报的工作计划和工作总结，应经相关领导审核通过才能作为考核依据。

（2）相关工作过程的记录，应经考核者或绩效考核部门审核通过才能作为考核依据。

（3）被考核者上级的批示、反馈、评估意见等，应有相关事件、资料或数据记录予以佐证、支持。

11.1.2 被考核者同级或下级

对于团队、项目或者跨部门合作的工作的考核，除了依据客观的工作绩效，考核数据的来源还可以是被考核者的同级或下级。这类考核数据主要由人力资源管理部通过3种渠道进行搜集，如图11-1所示。

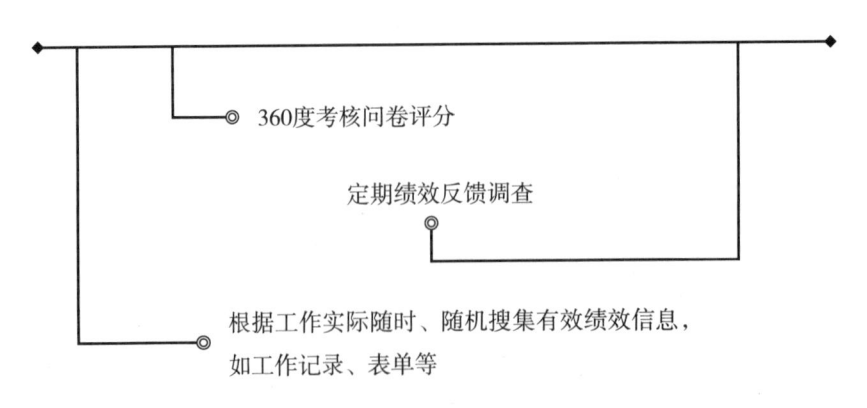

- 360度考核问卷评分
- 定期绩效反馈调查
- 根据工作实际随时、随机搜集有效绩效信息，如工作记录、表单等

图11-1　来源于被考核者同级或下级的考核数据搜集渠道

11.1.3 客户反馈

有些绩效考核指标的数据源自客户直接或间接的反馈，这种指标的绩效数据的搜集应谨慎设计，保证数据来源的公正性、客观性、准确性，以免影响考核结果的有效性。一般来说，由于数据来源的限制，这种绩效考核指标的参照性比较强，权重不宜设置过高。图11-2给出了数据来源于客户反馈的绩效考核指标的示例。

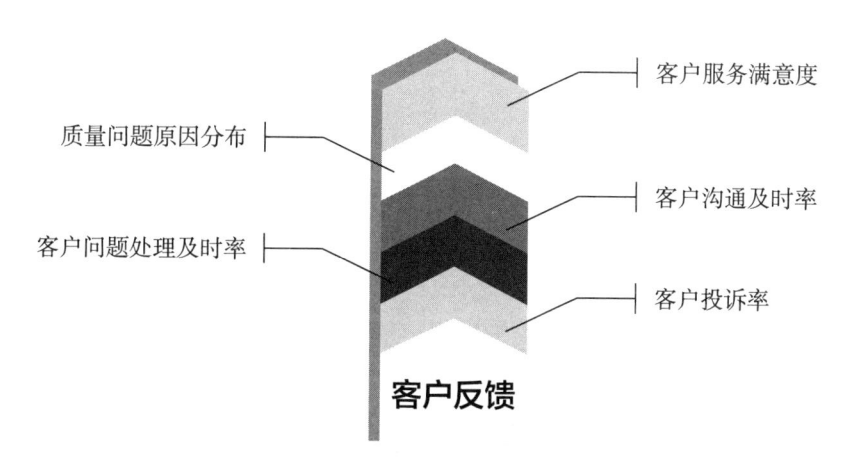

图11-2 数据来源于客户反馈的绩效考核指标示例

11.1.4 纯第三方数据

所谓纯第三方数据指的是来自除考核者与被考核者以外的公正、可靠、准确的考核数据，主要包括以下两类。

（1）企业经营管理的各类统计数据，如财务数据、销售数据、生产数据、质量数据等。

（2）由企业外部提供的统计数据，如外部调研机构提供的市场调研数据、客户提供的产品或服务反馈数据。

注意，纯第三方数据一定要保证客观、准确、可靠，杜绝考核过程中出现串通、作弊、造假的情形。

11.2 考核数据采用原则

11.2.1 优先原则

人力资源管理部实施绩效考核时，应根据如图11-3所示的优先顺序原则采用考核数据。

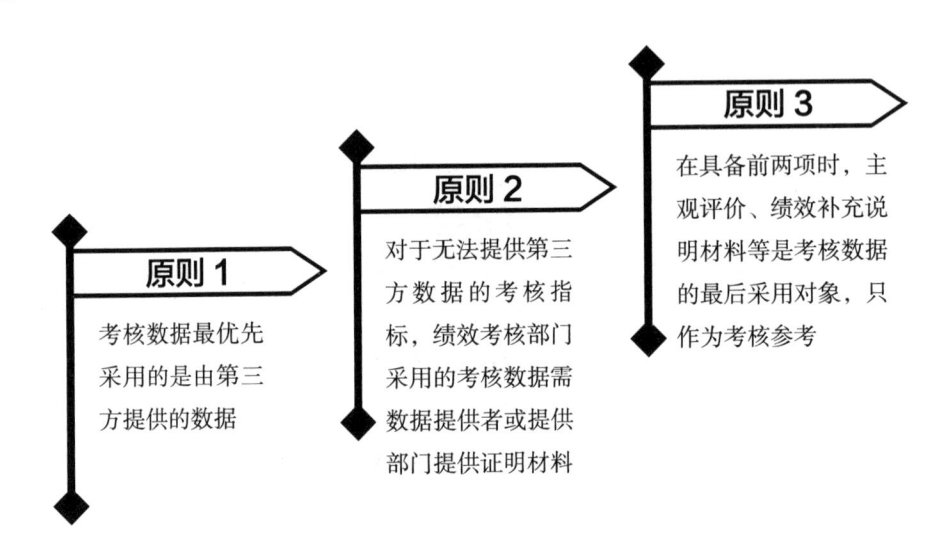

原则1 考核数据最优先采用的是由第三方提供的数据

原则2 对于无法提供第三方数据的考核指标，绩效考核部门采用的考核数据需数据提供者或提供部门提供证明材料

原则3 在具备前两项时，主观评价、绩效补充说明材料等是考核数据的最后采用对象，只作为考核参考

图11-3 绩效考核数据采用的优先顺序原则

11.2.2 无效原则

所有绩效考核数据都应有明确的来源，且准确、真实、有效。如果有以下情形出现，则考核数据应做无效处理，在绩效考核时不予采用。

（1）考核数据提供者或提供部门模糊不清的。

（2）考核证明材料未经相关负责人或上级领导审核签字的。

（3）考核数据没有按照相关制度规定按时提交的。

（4）考核数据统计口径没有按考核要求进行统一的。

（5）考核数据经考核部门审查、核对，确定有误或不符合实际的。

（6）考核数据搜集途径不符合相关制度要求，或被考核部门查证有作弊行为的。

11.3 考核数据搜集方式

11.3.1 线下方式

企业绩效考核部门搜集考核数据的传统方式为线下搜集，即企业人力资源管理部根据绩效考核周期，定期向各个考核部门、岗位及第三方搜集所需的绩效考核指标数据。

绩效考核部门运用线下方式搜集考核数据时，应注意以下5点。

（1）明确考核数据搜集的责任部门及责任人。

（2）明确考核数据搜集的周期及时间，要充分考虑考核数据来源部门的业务职能特点，平衡绩效考核的需求。

（3）明确考核数据搜集的路径、形式以及规范。

（4）监控考核数据搜集的过程，完善考核监督机制。

（5）将考核数据搜集的及时性、规范性、有效性纳入绩效管理范围内。

11.3.2 线上方式

除了传统的线下考核数据搜集方式，企业还可以设计、构建企业管理信息系统，通过线上方式来实现绩效考核数据的上传、搜集、统计、整理与发布。随着计算机与互联网应用的普及，越来越多的企业有了自己的内部管理信息系统或平台，通过设计、嵌入绩效考核流程与模块，实现绩效考核的自动化，方便对绩效管理全过程进行监控。

绩效考核数据的线上搜集方式虽然更简洁、高效，且准确性、保密度高，但对企业信息管理的硬件、软件环境设施要求高。因此企业应根据自身经营管理的实际情况，选择更为合适的考核数据搜集方式。

11.4 考核数据来源要求

11.4.1 责任部门及责任人

为保证绩效考核信息数据的真实、准确及可靠，企业首先应明确各类考核信息的来源，明确责任部门及责任人，并具体落实到各个关键绩效考核指标。并且，企业人力资源管理部应对考核信息的来源进行跟踪、监控、审核，确保绩效考核工作的有序、有效实施。

11.4.2 数据提交时间

企业人力资源管理部应对绩效考核信息数据的提交时间进行规范，保证绩效考核工作的顺利进行。一般来说，绩效考核信息数据提交时间的设置应遵循以下原则。

（1）数据提交时间应与绩效考核周期相符。

（2）数据提交时间应考虑提交部门的业务周期或工作流程。

（3）各个指标的数据涉及不同部门的，数据提交时间应先后错开，以便人力资源管理部搜集、统计。

（4）对于未按时提交绩效考核数据和数据造假或失真的，应制定相应的惩处规定，并纳入该数据责任部门的绩效考核中。

11.4.3 数据统计口径

对于不同部门或不同来源的同一指标或同一类型的考核信息数据，绩效考核部门应统一规定数据统计口径，以免绩效考核信息不对称，造成绩效考核结果失真或考核工作重复。规范、统一绩效考核数据口径应明确如图11-4所示的6个方面的事项。

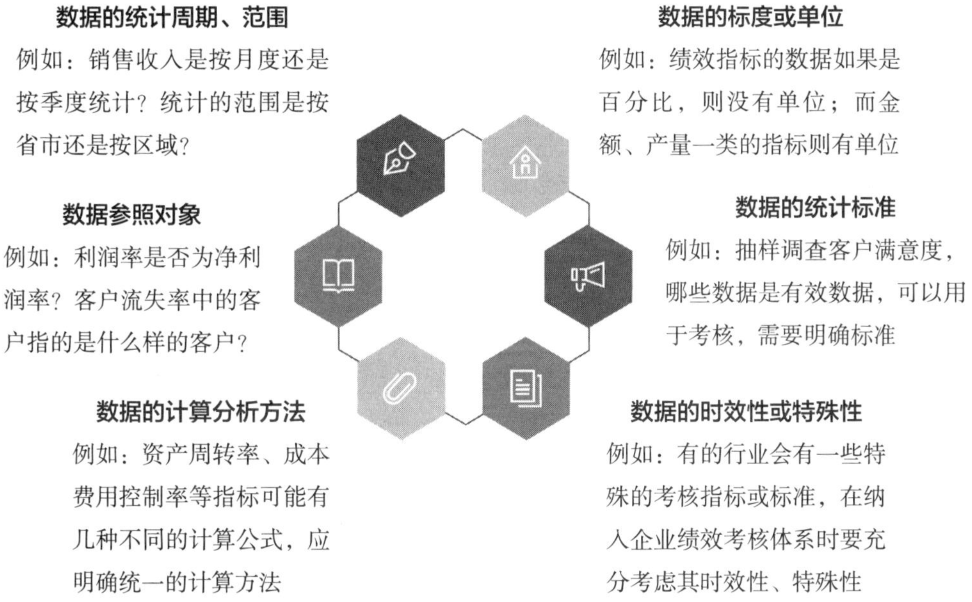

数据的统计周期、范围
例如：销售收入是按月度还是按季度统计？统计的范围是按省市还是按区域？

数据的标度或单位
例如：绩效指标的数据如果是百分比，则没有单位；而金额、产量一类的指标则有单位

数据参照对象
例如：利润率是否为净利润率？客户流失率中的客户指的是什么样的客户？

数据的统计标准
例如：抽样调查客户满意度，哪些数据是有效数据，可以用于考核，需要明确标准

数据的计算分析方法
例如：资产周转率、成本费用控制率等指标可能有几种不同的计算公式，应明确统一的计算方法

数据的时效性或特殊性
例如：有的行业会有一些特殊的考核指标或标准，在纳入企业绩效考核体系时要充分考虑其时效性、特殊性

图11-4　规范、统一绩效考核数据口径应明确的事项

绩效考核数据获取的总原则，如图11-5所示。

1 绩效考核数据获取采用的优先顺序原则为：能由第三方提供的则采用第三方数据，无法由第三方提供的，数据提供者须提供证明材料

2 绩效考核的数据来源主要有3方面：
（1）由结果使用方提供
（2）由第三方发现反馈的，包括上级、下级、客户、协同部门（如外部调研机构）等
（3）由考核部门查实的

3 所有绩效考核数据的搜集必须与绩效考核模板数据统计口径保持一致

图11-5　绩效考核数据获取总原则

11.4.4 数据来源依据表

人力资源管理部应根据各个部门、各个岗位的绩效考核指标,制定相应的考核数据来源依据表,作为搜集、采用考核数据的依据,指导企业绩效考核的实施。表11-1是企业战略管理部负责人绩效考核数据来源依据表的示例。

表11-1 战略管理部负责人绩效考核数据来源依据表示例

指标名称	考核依据	数据来源部门	提供人	提供时间
考核指标与战略关联性、一致性	绩效考核体系相关文件	战略管理部	计划绩效经理	—
企业级项目管理达标率	项目计划、项目跟踪记录表	战略管理部	计划绩效经理	每月7日前
决策事项跟踪完成率	决策事项跟踪记录	战略管理部	计划绩效经理	每月7日前
销售费用预算目标达成率	费控系统报表、销售工作计划、销售预算表、销售费用登记表	战略管理部	预算主管	—
销售会计报告对办事处的指导和应用	销售会计报告、会议记录	4个销售大区	大区总经理	每月8日前
计划与总结规范性	工作计划、总结	战略管理部	—	每月10日前
制度、标准、流程覆盖率	相关制度、标准、流程	战略管理部	—	每月10日前

11.5 考核数据来源基本法

11.5.1 应关注的4个关键点

(1)绩效考核须明确绩效考核数据的来源,并根据企业管理实际,确定考核数据采用的原则与顺序。

（2）人力资源管理部实施绩效考核须监控考核信息来源与考核数据搜集过程。

（3）人力资源管理部搜集绩效考核数据应逐渐向线上方式转变。

（4）企业应建立绩效考核数据信息库，作为绩效管理与人力资源管理的资源库，支持绩效指标库与目标库的更新、完善。

11.5.2 应防范的3种情况

（1）注意防范由绩效考核数据来源不明确而导致绩效考核执行出现混乱的现象。

（2）注意防范由于绩效考核数据的不客观、不可靠、不准确，导致绩效考核结果失效。

（3）注意防范绩效考核数据在搜集、采用过程中可能出现的推诿、作弊、造假等行为。

—基本法—

第一条　绩效考核指标应有明确的数据来源和依据，通过多方获取考核数据，确保绩效考核客观、真实、准确。
第二条　所有第三方提供的绩效考核数据应在规定时间内如实上报，如有造假，一经发现按照相关制度纳入当期考核。
第三条　绩效考核的证明性材料应如实填写，将工作内容、时间、人员、相关成果等描述清楚，经上级领导审核签字后予以认可，并作为考核依据。
第四条　所有证明性材料应保留原始记录，便于绩效考核部门追溯、跟踪和现场测量及绩效反馈、改进等。
第五条　财务部、采购部、销售部是考核数据的主要来源。
第六条　考核数据的确认，需要经过相关的流程。
第七条　考核数据的截止日期，需要进行相关的说明。
第八条　考核数据包含的内容，要进行的相应的说明。
第九条　考核数据的计算方法和方式，也应该进行相应的说明。

绩效考核
数据的收集

第12章

最好设定详细的标准：指标考核细则标准

某大型国企已实行绩效考核多年，然而各个绩效考核指标的考核评分标准仍然模糊不清，多凭上级主观意识进行评价。对于考核结果，基层不理高层不用，绩效考核效用不大。每当绩效考核时，考核人员纷纷抱怨考核标准很空泛，很难作为评分依据。而人力资源管理人员则尴尬回应，虽然有数据统计的定量指标能明确考核细则，但大多数部门的绩效考核指标是定性指标，如何设定详细的考核细则标准？这个问题值得研讨。

一个企业的绩效考核体系仅有明确的目标、合适的考核指标是不够的，为了绩效考核能够有效执行，发挥应有的效用，人力资源管理人员还需要根据绩效考核指标设定详细的考核细则、评分标准，以此作为绩效考核的参照依据。

12.1 指标考核细则编制标准

12.1.1 数量标准

指标考核细则是绩效考核人员进行绩效考核评分的标准，应全面、严谨、清晰和实用。在具体设计时，很多人力资源管理人员存在一个误区，认为指标的考核细则制定得越详细越好，其实不然。虽然指标考核细则应尽可能详细地涵盖该指标的考核内容，有较强的可操作性，但是过多、过细的指标考核细则也有弊端，会加重绩效考核人员的考核工作负担，不利于准确、快速地对考核指标进行评分，进而得出考核结果。

因此，在编制指标考核细则时，针对细则数量的设定一般遵循以下标准。

（1）通常指标考核细则应为3~5条。

（2）一般情况下，定量考核指标的考核细则为3条，分别为封顶值、保底值和计算评分方法。

（3）定量指标和复合指标的考核细则一般不超过5条。

12.1.2 量化标准

为了能够更全面、有效地对绩效考核指标进行评分，针对不同的指标类型，指标考核细则的设计也有不同的方式。那么，在编制这3~5条指标考核细则时，就不得不慎重考虑量化标准的问题。

其中，部分量化指标可以利用计算公式直接算出得分。而有的量化指标虽然本身有计算公式，但由于考核实际情况的限制，如数据来源问题、被考核工作内容或环境变化、评分的可操作性等，还须另行设计考核细则和评分方法，主要有3种，如图12-1所示。

比值法：将绩效指标的完成值与目标值直接进行比较，设计评价标准，一般采用计算公式为：绩效考核值=（绩效指标完成值/绩效指标目标值）×100%

加减分法：根据绩效指标完成值进行上下加减分，若达到目标值较难，可以设计达到目标值以上加分，反之可不设计加分且加大减分力度；还可以根据指标性质和实际绩效状况变化，调整加减分幅度标准。对最高分须限制，如多少分封顶或最多加多少分；对最低分也须限制，如减完的分值是多少或最多减多少分

区间法：根据目标值完成的区间范围，设计考核标准，设计完成值的上下限或设计上下限的区间值

图12-1 定量指标考核细则的量化方法

而定性指标在设计考核细则时，通常采用如图12-2所示的量化方法。

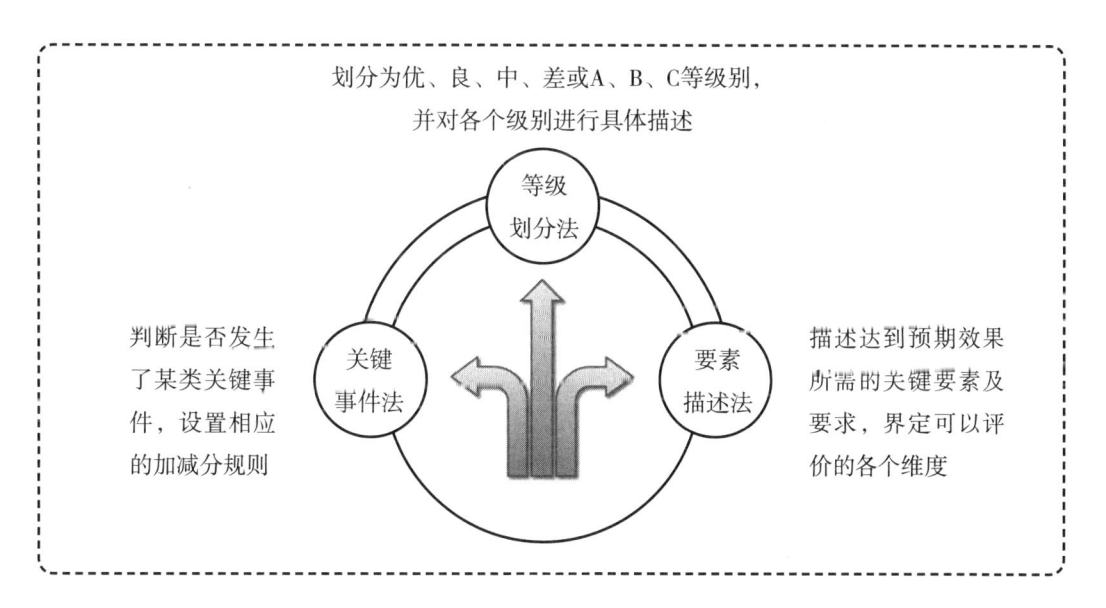

等级划分法：划分为优、良、中、差或A、B、C等级别，并对各个级别进行具体描述

关键事件法：判断是否发生了某类关键事件，设置相应的加减分规则

要素描述法：描述达到预期效果所需的关键要素及要求，界定可以评价的各个维度

图12-2 定性指标考核细则的量化方法

12.1.3 描述标准

对指标考核细则的描述也应遵循相应标准，以保障考核细则能够准确、有效地指导绩效考核人员进行考核评价。指标考核细则的编制须满足如图12-3所示的描述要素。

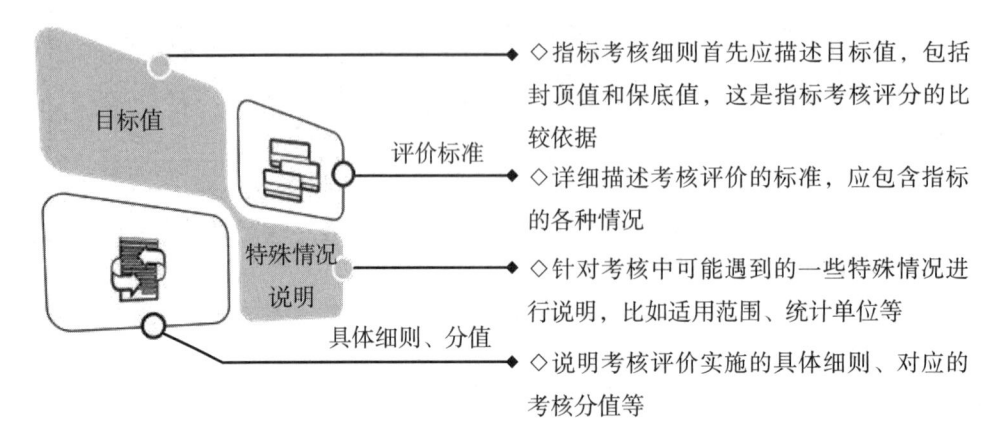

```
目标值 ──────────► ◇ 指标考核细则首先应描述目标值，包括
                    封顶值和保底值，这是指标考核评分的比
                    较依据
        评价标准 ──► ◇ 详细描述考核评价的标准，应包含指标
                    的各种情况
   特殊情况
     说明 ────────► ◇ 针对考核中可能遇到的一些特殊情况进
                    行说明，比如适用范围、统计单位等
        具体细则、分值
              ────► ◇ 说明考核评价实施的具体细则、对应的
                    考核分值等
```

图12-3　指标考核细则描述要素

12.2　定量指标考核细则维度

12.2.1　正向考核

所谓正向考核，即考核分值与指标值正向一致，考核分值随着指标值的增加而提高，随着指标值减少而降低。一般来说，趋高为好的定量指标应采用这种考核细则维度设计，具体示例如表12-1所示。

12.2.2　反向考核

所谓反向考核，即考核分值与指标值呈反向数量关系，考核分值随着指标值增加而降低。一般来说，趋低为好的定量指标应采用这种考核细则维度设计，具体示例如表12-2所示。

表12-1 定量指标正向考核细则设计示例

指标名称	设置目的	计算公式/指标定义	考核周期	量化考核	数据来源	失真提示
人均销售额增长率	衡量企业营销团队单名员工对企业销售战略贡献的大小	（1）人均销售额增长率=（考核期内人均销售额增长幅度/考核期初人均销售额）×100% （2）人均销售额=当期累计销售额/当期营销团队中员工平均在岗人数	半年度/年度	（1）人均销售额增长率目标值设为20% （2）当实际人均销售额增长率为0或小于0时，该指标考核得分为0分 （3）当0＜实际人均销售额增长率≤20%时，该指标考核得分=（实际值/目标值）×权重	销售服务部、市场信息部	考核期内营销团队中员工平均在岗人数、考核期初人均销售额、期末人均销售额等统计结果如果有误，会导致考核结果与实际不相符
劳动定额提升率	评价考核期内企业劳动定额的真实情况，反映企业的生产效率	劳动定额提升率=[工时（或产量）定额提升数/定额目标值]×100%	季度/年度	（1）考核得分=（劳动定额提升率/目标值）×100%×权重（完成率100%封顶） （2）指标值低于____%，该项考核指标得分为0分	人力资源管理部	由于考核数据源出现错记、漏记、多记等现象或因数据统计人员疏忽，导致数据统计结果出现偏差，造成考核结果失真
生产计划完成率	衡量生产任务的完成情况，考核生产线的工作业绩	生产计划完成率=（当期实际产量/当期计划产量）×100%（100%封顶）	月度/季度/年度	（1）生产计划完成率达到100%，得满分 （2）每降低____%，减____分 （3）低于____%，该项考核指标得分为0分	生产中心	（1）由于市场环境等因素引起生产计划变更，但考核时未及时修正，仍用原定的计划数据进行对比、评估，导致考核结果失真 （2）由于生产计划制订得过高或过低，脱离企业实际的产能负荷，导致考核失去意义 （3）由于数据统计出现错漏，导致考核结果失真

表12-2 定量指标反向考核细则设计示例

指标名称	设置目的	计算公式/指标定义	考核周期	量化考核	数据来源	失真提示
成本费用目标达成率	评估企业的经营成本，促使相关人员合理地制定成本费用预算和控制企业的成本费用支出	成本费用目标达成率=（实际成本费用额/预算成本费用额）×100%	月度/季度/年度	（1）低于100%时，此项得满分（2）每超出___%，减___分（3）超过___%时，该项考核指标得分为0分	财务副总裁、战略财务部、运营会计部	由于成本费用总额中的相关项目存在很大的调整空间，导致来自企业损益表中的成本费用总额的相关数据与企业的实际情况出入较大，造成考核结果失真
万元产值设备维修费用率	考核维修费占设备生产总产值的多少，以最经济的维修费延长设备的使用寿命，提高设备创效能力	万元产值设备维修费率=[考核期内生产设备维修费用（万元）/考核期内生产总产值（万元）]×100%	月度/季度/年度	（1）万元产值维修费用率不高于目标值，得满分（2）每超出___%，减___分（3）指标值超过___%，该项考核指标得分为0分	运营会计部	（1）由于维修费用的核算范围界定不清，出现费用错记、漏记、多记等现象，导致考核数据出现偏差，造成考核结果失真（2）由于统计人员疏忽，导致统计结果出现偏差，造成考核结果失真
重大舆情风险发生次数	评估对舆情风险的管控能力	考核期内，重大舆情风险发生的次数	月度/季度/年度	考核期内，每出现一次负面报道，根据影响程度，减___分	总经理办公室	（1）由于重大舆情风险判定标准不明确或不合理，导致考核结果失真（2）由于数据统计不及时或信息记录不准确，导致考核结果失真

12.2.3 考核得分计算

绩效考核人员根据指标考核细则进行考核评价后，应计算出考核得分，得出相应的考核结果。一般来说，定量指标的考核得分计算有以下3种形成。

（1）根据绩效考核指标的计算公式直接计算得出考核得分。例如，销售目标完成率=（实际销售额/目标销售额）×100%，该指标得分=指标值×权重值。

（2）对于没有计算公式或无法通过计算公式算出考核得分的定量指标，可以通过考核细则直接核算出对应分值。例如，采购成本预算执行率=（实际采购成本/预算采购成本）×100%，该指标考核细则为"①目标值为100%，达到目标值为满分。②每超出目标值的1%，减2分。"若当期指标值为102%，则考核得分为权重值减4分。

（3）有的定量指标可能有多个考核维度或被分解成多个指标，那么其得分计算要根据指标设计进行加权计算。例如，定量指标A=定量指标B+定量指标C，其中B占60%，C占40%，则A考核得分=B考核得分×60%+C考核得分×40%，B和C两个指标的考核得分应根据其考核细则进行核算。

12.3 定性指标考核细则维度

12.3.1 时间维度

为了更好地考核、评价定性指标，需要将定性指标尽可能地量化，设计合理、有效的考核细则，方便绩效考核人员实施考核评价。

定性指标考核细则量化设计的首要维度就是时间维度，即设定完成工作的时限，从而进行考核评价。一般来说，时间维度的考核细则设计可以采取以下2种方式。

（1）按照进度节点考核。给需要考核的工作设置进度节点，按照进度节点设计考核细则，规定加减分标准。

（2）按照拖延时间考核。将按时完成工作设为考核目标，针对工作拖延时间设置量化考核细则，规定减分标准。

12.3.2 质量维度

从质量维度来设计定性指标的考核细则，首先要确定所考核工作的成果是什么，其质量标准是什么，比如，应完成的工作量有多少、应取得哪些成果、取得的成果应满足什么质量要求或达到什么等级。在此基础上，对工作成果的质量进行量化，设计具体的考核细则，从而实现对该定性指标的考核评价。值得注意的是，所考核的工作成果应该有据可查，有相应的考核信息或数据来源，以保证绩效考核的有效性。

12.3.3 阶段维度

在企业的实际管理活动中，很多工作是按照项目或阶段来进行的，这些工作的绩效考核多使用定性指标，那么这类定性指标的考核细则可以根据阶段维度来设计。在阶段中，根据实际情况再分为时间进度、工作质量等进行具体描述。图12-4为项目绩效考核指标的考核细则示例。

示例 ▶

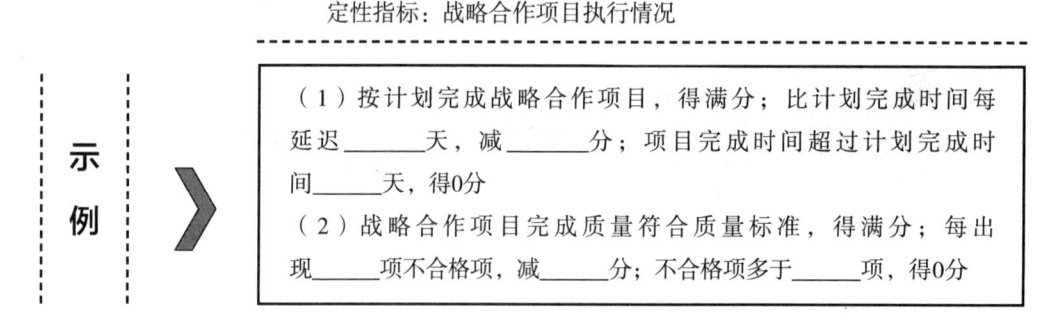

定性指标：战略合作项目执行情况

（1）按计划完成战略合作项目，得满分；比计划完成时间每延迟_____天，减_____分；项目完成时间超过计划完成时间_____天，得0分。
（2）战略合作项目完成质量符合质量标准，得满分；每出现_____项不合格项，减_____分；不合格项多于_____项，得0分。

图12-4 项目绩效考核指标考核细则示例

12.4 复合指标考核细则编制方法

12.4.1 进度质量分解法

复合指标指的是在实际绩效考核中很难进行考核评分的指标，它无法简单地运用定量指标或定性指标考核细则的编制方法制定考核细则。在企业实际绩效管理中，这种复合指标其实是比较常见的，但运用于考核中有一定难度。一般来说，设计复合指标的考核细则常采用进度质量分解法。不是单纯的设计公式计算，也不是像定性指标那样描述，而是从时间进度和质量完成情况两个维度去评价该复合指标所考核的工作绩效情况，设计相应的考核细则。图12-5为进度质量分解法的示例。

进度质量分解法

复合指标考核得分=进度考核得分+质量考核得分

示例：品牌传播计划目标完成率

（1）考核得分=进度考核得分+质量考核减分
（2）进度考核的考核标准如下：
① 进度考核得分=品牌传播计划目标完成率×权重值
=（实际完成品牌传播工作量/品牌传播目标工作量）×100%×权重值
② 品牌传播计划目标完成率以100%为封顶值
（3）质量考核的考核标准为若每项工作均达到目标要求，则该项得满分；每出现1项工作未达到目标要求，则根据严重程度，减1~5分

图12-5　进度质量分解法示例

12.4.2　多指标拆分法

由于实际情况的多样性，在企业绩效考核指标细则的设计中，有的复合指标比较复杂。为了能够更有效地进行量化考核，经常将复合指标拆分成多个指标，再分别设计考核细则，最终合并计算评分。被拆分的子指标的考核细则可以根据指标性质，运用上述编制方法进行科学、合理的编制。图12-6为多指标拆分法的示例。

多指标拆分法

复合指标考核得分=指标1得分+指标2得分+…+指标n得分

示例：消费者忠诚度=消费者重复购买率+消费者需求满足率+消费者对企业商品认同度

（1）消费者重复购买率得分标准如下：
① 目标值为____%，达到目标值，得满分
② 较目标值每低____%，减_____分
③ 低于____%，得0分
（2）消费者需求满足率得分标准如下：
① 目标值为____%，达到目标值，得满分
② 较目标值每低____%，减_____分
③ 低于____%，得0分
（3）消费者对企业产品认同度得分标准如下：
① 目标值为____%，达到目标值，得满分
② 较目标值每低____%，减_____分
③ 低于____%，得0分
（4）消费者忠诚度考核得分为3个指标得分之和

图12-6　多指标拆分法示例

12.5 指标考核细则标准基本法

12.5.1 应注意的4个事项

企业设计绩效考核指标的考核细则时应注意以下事项。

（1）指标考核细则在"细"不在"多"。考核细则的"细"不在于描述语句的多少与是否详细，而在于要全面、具体、准确；细则数量不在于"多"，而应遵循编制的数量标准。

（2）指标考核细则应尽量量化，但不执着于量化，要根据指标性质和考核工作实际，设计切实、可操作的细则标准。

（3）指标考核细则描述应尽量统一用词，同一性质或同一类型的指标应尽量采用相同的考核细则设计方法，保持统一的描述方式。

（4）指标考核细则并不是一成不变的，根据企业绩效管理情况的实际变化，其中目标值、分值、特殊情况说明等要素都应进行相应的调整与变化。

12.5.2 应避免的3种情况

企业在设计绩效考核指标的考核细则时，应注意避免以下3种情况。

（1）指标考核细则缺失内容。在设计绩效考核指标、实施绩效考核的过程中，一定要设计完善的考核细则。考核细则的编制要符合相应的标准，而不是概括笼统的评价内容或说明。

（2）指标考核细则描述不统一。指标考核细则描述的各条目之间要前后统一，各个指标之间也应保持统一的描述风格，从而在应用时更加清晰、明确。

（3）指标考核细则缺乏依据。指标考核细则的设计要从实际出发，评价标准要有据可依，并要明确考核信息或数据的来源。

—基本法—

第一条　所有绩效考核指标都应设定考核细则标准，否则无法应用于实际的绩效考核。

第二条　指标的考核细则应尽可能地具体、详细，要涵盖该指标考核可能遇到的各种情况，并符合企业绩效管理实际，具有可操作性。

第三条　指标的考核细则应尽可能地量化，以便考核评分；考核细则的描述要客观、准确、有参照、有依据，要包含目标值、评价标准、具体分值以及特殊情况说明等要素。

第四条　设计指标考核细则应综合采用多种方法、工具，将复杂指标简单化、定性指标定量化。

第五条　考核细则细的标准是：实用，可计算

第六条　对于区间的标准，必须给出详细的说明。

第七条　对于加分项的标准，必须给出具体的说明

第八条　对于公式，必须给出详细的解释，最好有示范。

第九条　对于细则中参照的相关制度、办法，必须给出相应的出处和具体的版别。

第十条　对于有歧义的考核细则，应该直接给出示范，消除歧义。

采购计划主管绩效考核实施细则

第13章

特殊事项处理：
其他工作事项考核标准

乱象一：某生产制造企业质量部每年3月进行产品质量体系认证工作，期间需要生产部、公关部等部门协同工作。但是，对于产品质量体系认证工作的完成情况，企业只对质量部相关负责人进行考核，而没有考核生产部、公关部等部门的相关人员。因此，每年此时，质量部经理都会抱怨，"进行企业产品质量体系认证工作，生产部和公关部的相关人员别说协同工作了，不拉后腿就算好了！"

乱象二：某企业进行内部网络信息系统更新工作，信息技术部技术人员多次明确要求，在系统更新期间，各相关部门登录系统完成工作后须退出系统，防止信息丢失或泄露。但是仍然有相关人员没有做到这点，导致相关部门信息丢失或泄露。然而，在月度考核中，负责相关部门系统更新的信息技术部技术人员因此而绩效考核不及格，但各部门违规操作人员的绩效考核结果却没有受影响。对此，信息技术部技术人员意见很大。

在企业员工绩效考核特殊事项的处理工作中，之所以出现上述乱象，原因是企业绩效考核体系设计不科学，没有对员工其他工作事项的考核进行合理规划，从而难以对相关岗位的任职者形成有效的约束，进而导致工作开展不顺利，出现互相推诿现象，员工工作积极性受打击。

针对上述情况，企业绩效考核人员在进行绩效考核体系设计时，应对特殊事项的考核进行合理规划与设计，明确考核范围，确定考核方法，制定考核细则，以建立完善的特殊事项考核体系，进而完善企业整体的绩效考核体系。

13.1 其他工作事项考核范围

13.1.1 非岗位职责的工作

非岗位职责的工作主要指员工所需要完成的岗位职责之外的工作。在实际工作中，员工除完成岗位职责范围内的工作外，还要根据企业发展的实际需求以及岗位的实际工作特点，完成一些与岗位相关但是在岗位职责范围外的其他工作，比如协助其他岗位完成相关工作等。对于此类工作，企业须对其完成情况进行考核，并计入员工的绩效，方便对员工的工作绩效进行全面、客观的考核，从而增强考核结果的客观性与员工认同度。非岗位职责的工作考核示例如图13-1所示。

> **示例**
>
> 某咨询公司B项目组主管刘某因为身体原因休病假2个月。在刘某休病假期间，H项目组主管张某暂替刘某负责B项目组的管理工作。因此在年度绩效考核中，张某的绩效考核表的其他工作事项中，有以下考核内容。
>
> | 考核项目 | 考核指标 | 指标说明及细化 |
> | --- | --- | --- |
> | 其他工作事项 | B项目组管理工作 | 1. B项目组管理工作实施进度情况
（1）按时完成B项目组各项管理工作并提交工作成果，得满分30分
（2）每延迟2天完成工作并提交工作成果，减10分
（3）延迟6天以上完成工作并提交工作成果，得0分
2. B项目组管理工作质量情况
（1）工作完成符合要求，提交工作成果质量优异或领导审批一次性通过，得满分30分
（2）工作完成基本符合要求，提交工作成果质量符合标准，得15分
（3）工作完成不符合要求，提交工作成果质量不达标或被领导退回审批一次以上，得0分 |

图13-1 非岗位职责的工作考核示例

13.1.2 阶段性的临时工作

阶段性的临时工作主要指员工在特定阶段所须完成的临时性的工作。此类工作具有鲜明的阶段性与临时性，员工只有在特定的阶段才能完成。而对于承担此类工作的员工，企业须对其在特定阶段的工作进行专门的考核，以准确衡量其在此阶段的工作绩效。阶段性的临时工作考核示例如图13-2所示。

> **示例**
>
> 某生产制造企业质量部须在每年7月份进行产品质量体系认证工作。因此在季度绩效考核中，质量部经理祁某的绩效考核表的其他工作事项中，有以下考核内容。
>
> | 考核项目 | 考核指标 | 指标说明及细化 |
> | --- | --- | --- |
> | 其他工作事项 | 产品质量体系认证计划完成率 | 产品质量体系认证计划完成率=（实际完成数/计划完成数）×100%
1. 目标值为100%，达到目标值，得满分10分
2. 每降低10%，减2分
3. 低于50%，得0分 |

图13-2 阶段性的临时工作考核示例

13.1.3 领导安排的其他工作

领导安排的其他工作是指上级领导根据工作需要临时交办员工完成的工作。之所以出现领导临时进行工作安排的情况，是因为企业所面临的环境或员工的工作环境是动态变化的，而上级领导为了及时、有效地应对相关变化，会根据工作的实际需要临时安排员工完成某些工作，从而降低变化所带来的风险。因此，在对员工进行考核时，企业绩效考核人员须对员工此类工作的完成情况进行考核，以准确、全面地掌握员工的工作绩效情况。领导安排的其他工作考核示例如图13-3所示。

> **示例**
>
> D公司与K公司于7月18日签订甲项目合同,并约定K公司于8月31日完成甲项目。但由于D公司临时调整业务,因此在7月31日,D公司通知K公司将项目完成时间提前至8月15日。为了准时完成项目,K公司项目总监张某决定抽调第2设计部的赵某配合完成甲项目,被抽调的赵某主要负责项目报告编写工作。因此在月度绩效考核中,赵某的绩效考核表的其他工作事项中,有以下考核内容:
>
> | 考核项目 | 考核指标 | 指标说明及细化 |
> | --- | --- | --- |
> | 其他工作事项 | 项目报告编写完成情况 | 1. 项目报告编写进度情况
(1)在8月13日前完成项目报告,得满分10分
(2)延迟1天及以内,减5分
(3)延迟2天及以上,不得分
2. 项目报告编写质量情况
(1)项目报告内容准确无误,得满分10分
(2)项目报告内容每出现2处错误,减5分
(3)项目报告内容出现4处以上错误,得0分 |

图13-3　领导安排的其他工作考核示例

13.2　其他工作事项考核方法

13.2.1　考核项目设置

其他工作事项主要指由员工岗位职责之外的工作事项(包括临时性工作和领导交办工作),它与员工岗位职责范围内的工作事项共同构成员工在企业生产经营活动中完成的所有工作事项。对员工其他工作事项的完成情况进行考核,可确保员工绩效考核结果更为全面、客观。企业在进行考核时,须注意如图13-4所示的关键事项。

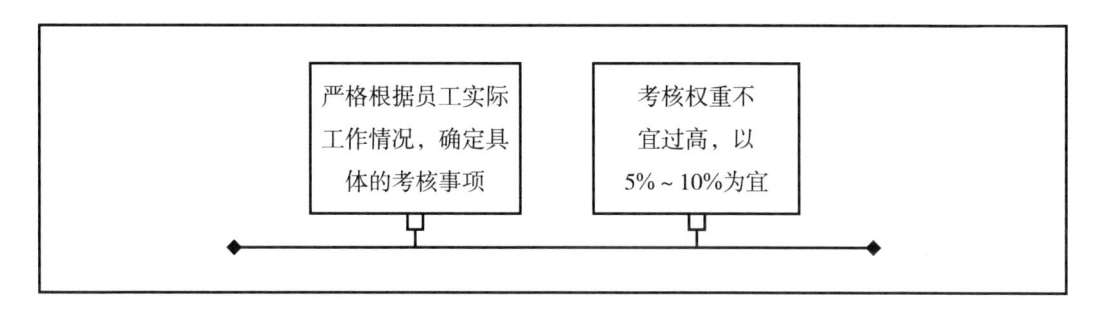

```
┌─────────────────────────────────────────────────────────┐
│      ┌──────────────┐          ┌──────────────┐         │
│      │ 严格根据员工实际 │          │  考核权重不   │         │
│      │ 工作情况，确定具 │          │  宜过高，以   │         │
│      │  体的考核事项  │          │ 5%~10%为宜   │         │
│      └──────┬───────┘          └──────┬───────┘         │
│ ◆───────────┴─────────────────────────┴──────────────◆  │
└─────────────────────────────────────────────────────────┘
```

图13-4 其他工作事项项目设置注意事项一览图

13.2.2 考核指标设计

绩效考核人员应根据员工的实际工作情况，设计员工其他工作事项的绩效考核指标。根据考核内容性质的不同，其他工作事项的考核指标可分为定量指标、定性指标及复合指标3类，其设计要求如下。

1. 定量指标设计要求

定量指标是可准确进行数量定义、精确衡量，并能够设定明确绩效目标的考核指标，用于考核其他工作事项中可量化的工作事项。设计定量指标时，绩效考核人员须注意定量指标5大要素的设计，具体说明如图13-5所示。

2. 定性指标设计要求

定性指标指通过对评价对象进行客观描述与分析来反映评价结果的指标。与定量指标类似，定性指标亦须具备指标定义、绩效目标、考核标准、考核人员及信息来源5大要素，但与定量指标不同的是，其指标定义、绩效目标及考核标准多采用定性的描述。

定性指标主要用于考核态度、效率、能力等难以量化的工作内容，其设计须满足如图13-6所示的要求。

指标定义	对绩效指标的详细解释及如何计算的说明
绩效目标	考核期间应达到的指标数值
考核标准	计算绩效考核指标得分的详细条款和说明
考核人员	绩效考核指标的制定及考核实施的负责人
信息来源	绩效考核信息源自何处

示例

某企业质量部经理的其他工作事项中的考核指标之一为产品质量体系认证计划完成率,其说明如下所示。

指标名称	产品质量体系认证计划完成率
指标定义	产品质量体系认证计划完成率=(产品质量认证实际完成数/产品质量认证计划完成数)×100%
绩效目标	100%
考核标准	1. 达到目标值,得满分10分 2. 每降低10%,减2分 3. 低于50%,得0分
考核人员	质量部总监、人力资源管理部
信息来源	质量部

图13-5　定量指标设计说明及示例

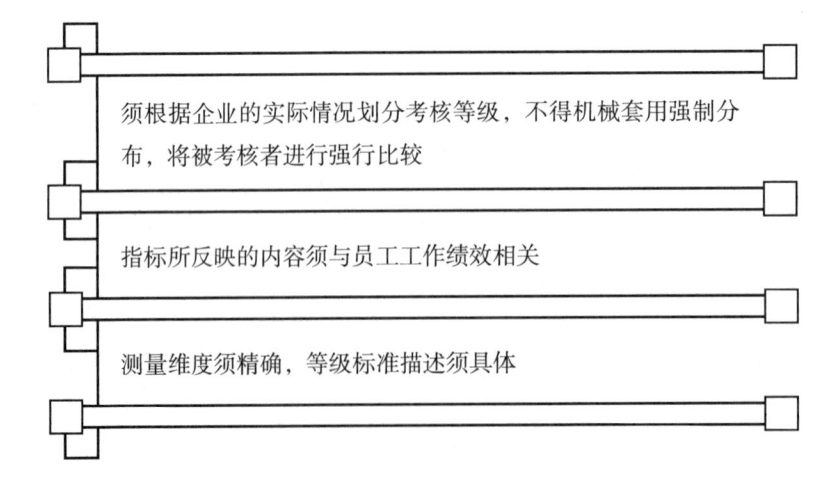

- 须根据企业的实际情况划分考核等级,不得机械套用强制分布,将被考核者进行强行比较
- 指标所反映的内容须与员工工作绩效相关
- 测量维度须精确,等级标准描述须具体

图13-6　定性指标设计要求

企业绩效考核定性指标设计示例如图13-7所示。

某企业战略管理部协助质量部开展产品质量体系认证工作。因此在当期战略管理部经理的绩效考核项的其他工作事项中增加了"合作性"这一指标，其说明如下所示。

指标名称	合作性
指标定义	具有团队意识，主动协助团队成员完成工作
绩效目标	协助对方获得成功，达成团队整体目标
考核标准	1. 协助对方获得成功，达成团队整体目标，得满分5分 2. 存在分歧时，认真听取对方意见，并提出有价值的建议，得4分 3. 存在分歧时，认真听取对方意见，同时修正自己的工作思路和方法，得3分 4. 存在分歧时，告知对方自己的意见，但不响应对方提出的意见，得2分 5. 存在分歧时，不与团队成员沟通，完全按照个人想法开展工作，得1分
考核人员	人力资源管理部
信息来源	人力资源管理部

图13-7 定性指标设计示例

3. 复合指标设计要求

复合指标是将多个指标进行复合，以对被考核者进行综合、全面的考核。复合指标主要适用于须从多个角度进行考核的工作内容，其设计要求如图13-8所示。

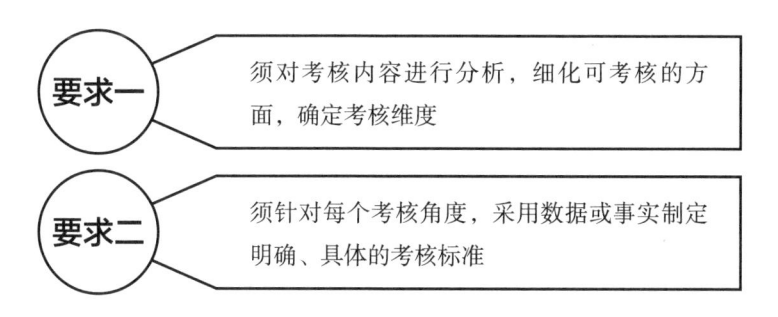

- **要求一**：须对考核内容进行分析，细化可考核的方面，确定考核维度
- **要求二**：须针对每个考核角度，采用数据或事实制定明确、具体的考核标准

图13-8 复合指标设计要求

一般情况下，企业会从进度和质量两个维度进行复合指标的设计，具体说明如表13-1所示。

表13-1 复合指标设计说明表

指标类别	考核维度	维度说明
复合指标	进度	◇ 按时间考核，即根据规定的时间标准，考核是否在该时间内完成工作 ◇ 按区间考核，即根据工作或业务的不同阶段，考核是否按计划完成阶段任务
	质量	◇ 按结果考核，根据工作成果的质量标准，考核交付的成果是否符合要求 ◇ 按程度考核，根据工作完成程度，划分不同等级并进行评分
示例		某企业采购部配合生产线进行原料供应情况的统计工作，并提交统计报告。当月采购部经理的绩效考核项中的其他工作事项的指标为"原料统计报告提交的准确、及时性"，具体考核标准如下所示： 1. 按计划在当月20日前完成统计工作，并提交统计工作报告，得满分5分；统计工作完成或报告提交延迟2天以内，减2分；延迟2~5天，减3分；延迟5天以上，得0分 2. 统计结果准确，统计工作报告内容无误，得满分5分；每出现1处错误，减1分；出现超过5处错误，得0分

13.2.3 考核分值设计

其他工作事项考核分数的设计主要包括满分分值设计与各级分值设计两项工作，具体说明如下。

1. 满分分值设计

满分分值指各考核指标的最优级所对应的分数，即员工在该项指标所能得到的最高分。在一般情况下，其他工作事项中各指标满分的分值不会很高，以便与其指标权重相对应。同时，为了方便运算，其他工作事项中各指标的满分分值多为5的整数倍。

2. 各级分值设计

各级分值即各等级所对应的得分情况，其设计要求如图13-9所示。

① 各级分值的数值须为整数

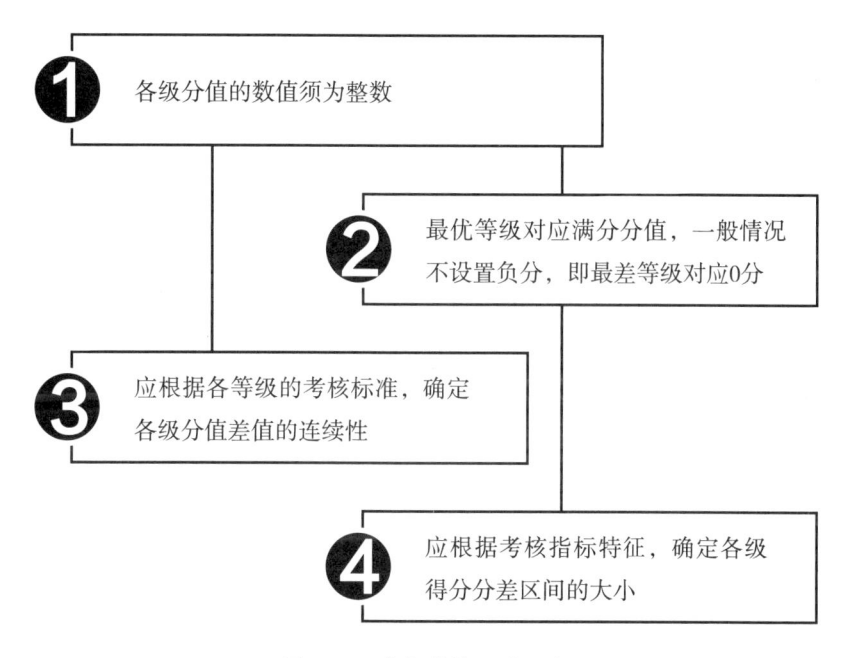

② 最优等级对应满分分值，一般情况不设置负分，即最差等级对应0分

③ 应根据各等级的考核标准，确定各级分值差值的连续性

④ 应根据考核指标特征，确定各级得分分差区间的大小

图13-9　各级分值设计要求

13.3　其他工作事项考核细则

13.3.1　按计划考核

按计划考核即以事前制订的工作计划为考核依据，制定考核细则，对员工其他工作事项的绩效情况进行考核。其考核细则应根据工作计划的完成情况制定，它主要适用于如图13-10所示的两种情形。

情形一　非岗位职责工作中已事先列入工作计划中的工作

情形二　阶段性的临时工作

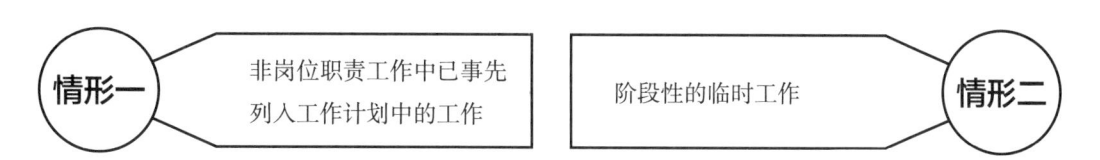

图13-10　按计划考核适用情形

按计划考核制定的考核细则具体示例如图13-11所示。

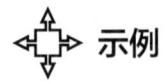

> **示例**
>
> 某企业质量部须在每年9月份进行产品质量体系认证工作。在月度考核中,质量部主管方某的绩效考核的其他工作事项的考核指标是产品质量体系认证报告完成情况,其考核细则如下所示。
>
> | 指标名称 | 考核细则 |
> | --- | --- |
> | 产品质量体系认证报告完成情况 | 1. 产品质量体系认证报告完成进度情况
（1）按计划在9月20日完成产品质量体系认证报告,得满分5分
（2）每延迟1天,减2分
（3）延迟3天及以上,得0分
2. 产品质量体系认证报告完成质量情况
（1）提交的产品质量体系认证报告内容结构符合要求,且报告内容准确无误,得满分5分
（2）提交的产品质量体系认证报告每缺少1项内容或报告内容每出现1处错误,减2分
（3）提交的产品质量体系认证报告内容缺少项与错误处超过3项（处）,得0分 |

图13-11　按计划考核制定考核细则示例

13.3.2　按反馈考核

按反馈考核即以工作反馈情况为考核依据,设置考核细则对员工其他工作事项的绩效情况进行考核。按反馈考核适用于非岗位职责工作中的阶段性的临时工作或领导安排的其他工作的考核,其考核细则的具体示例如图13-12所示。

> **示例**
>
> 根据管理咨询项目需求,某咨询企业业务部经理邓某临时安排助理咨询顾问刘某进行A项目的信息整理工作。当月刘某绩效考核项中其他工作事项的考核指标是项目信息整理情况,具体考核细则如下所示:
>
> | 指标名称 | 考核细则 |
> | --- | --- |
> | 项目信息整理情况 | 1. 领导对项目信息整理工作成果认定合格,得满分5分
2. 领导对项目信息整理工作成果认定不合格,得0分 |

图13-12　按反馈考核制定考核细则示例

13.3.3 按关键事件考核

按关键事件考核即以工作失误、突发性事故等关键事件发生情况为依据，制定考核细则，对员工其他工作事项的绩效情况进行考核。按关键事件考核制定考核细则的具体示例如图13-13所示。

> **示例**
>
> 某企业拟定于9月进行企业内部信息系统更新，要求各部门协助信息网络部完成信息系统更新工作。各部门经理9月的月度考核项目中其他工作事项的考核指标为信息泄露次数，其考核细则如下所示。
>
> | 指标名称 | 考核细则 |
> | --- | --- |
> | 信息泄露次数 | 1. 考核期间，未发生过信息泄露的情况，得满分10分
2. 考核期间，出现信息泄露事件，该项不得分 |

图13-13 按关键事件考核制定考核细则示例

13.4 特殊工作事项处理基本法

13.4.1 应避免的2种情况

在进行特殊工作事项考核设计时，绩效考核人员应避免如图13-14所示的2种情况，以便对员工特殊工作事项进行及时、准确的考核。

> 由于未能及时对员工的实际工作情况进行准确了解，从而在员工绩效考核体系中未对特殊工作事项的完成情况进行考核，导致对员工绩效考核不全面

> 由于未能根据员工实际工作情况设计特殊工作事项考核项，难以准确考核特殊工作事项绩效，导致对员工绩效考核不准确

图13-14　特殊工作事项处理应避免的2种情况

13.4.2　应规范的3个事项

在设计特殊工作事项考核体系的过程中，绩效考核人员应规范如图13-15所示的3个事项，确保特殊工作事项考核体系规范、实用。

- 根据企业业务特征及岗位工作情况，明确特殊工作事项的考核范围
- 根据员工实际工作情况，设计特殊工作事项的具体考核内容
- 根据特殊工作事项的具体考核内容，制定相应考核方案，明确绩效目标、考核细则等内容

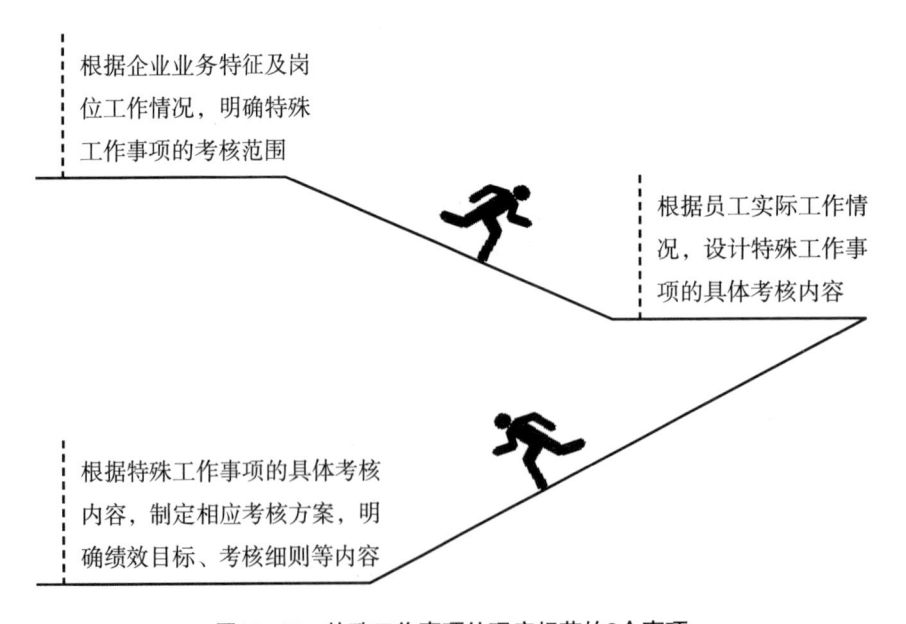

图13-15　特殊工作事项处理应规范的3个事项

—基本法—

第一条　其他工作事项的考核范围应以员工实际工作情况为依据，主要包括非岗位职责的工作、阶段性的临时工作、领导安排的其他工作三类。

第二条　其他工作事项的权重不宜过高，以5%~10%为宜。

第三条　其他工作事项的各指标的满分分值以5的整倍数为宜。

第四条　其他工作事项的考核标准，也要明确，领导交办的任务，必须在交办的时候明确考核标准。

第五条　总经理交办的事项，必须指定相关的负责人，且要明确完成的时间和考核标准。

第六条　如果将其他工作事项也列入考核，必须确定权重，且要改变当月考核的权重比例，将其他工作事项也列入当月的考核中。

第七条　其他工作事项如果在当月没有被列入考核，则可以列入季度统一考核，赋予其一个权重。

第八条　对于没有其他工作事项考核权重的部门和岗位，可以在年底总评时采用加减分项的方式统一平衡和考虑。

第九条　也可以将其他工作事项作为加减分来进行考核。

质检专员绩效考核方案

第14章

如何利用加减分项：
加减分项设计标准

　　某企业生产的牙膏品质优良，价格适中，具有一定的市场占有率，然而最近几年，销售额增长缓慢。总经理在一次经理级会议中提出此问题，并寻求应对措施。会议中，有位年轻经理在纸条上写了一条建议，并表示若企业要采用他的建议，必须另付他5万元作为奖励。但总经理认为，企业每个月都支付薪水，另外还有分红和奖金，提建议不应该再要求奖励。然而总经理接过纸条看后，马上答应支付给年轻经理5万元作为奖励。原来纸条上写的是：将现有牙膏开口扩大1毫米。这个建议使该企业的营业额有了较大提升。

　　案例中，年轻经理以5万元的回报期望提出了自己的建议，但现实中并非所有员工都有这样的魄力去向上级提出合理化建议并索要报酬。因此，若在员工绩效考核中添加相应加减分项内容，则会对员工的相关工作行为产生有效的激励或抑制作用，从而提高企业的整体绩效。

14.1 加减分项考核设计

14.1.1 加减分项考核目的

加减分项的设计使绩效考核人员能够将一些具有针对性的、无法进行日常考核的项目纳入考核体系，其考核目的主要有3点，如图14-1所示。

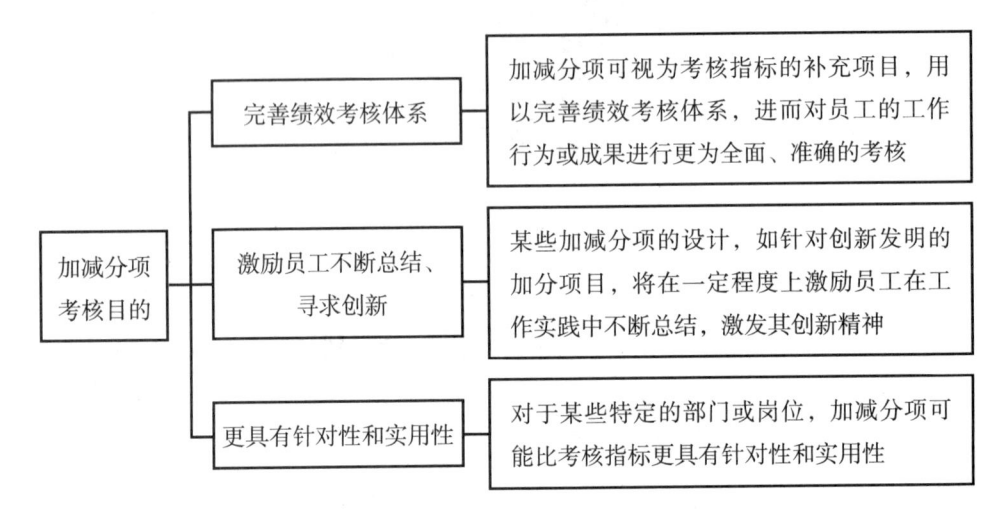

```
                    ┌─ 完善绩效考核体系 ─── 加减分项可视为考核指标的补充项目，用
                    │                      以完善绩效考核体系，进而对员工的工作
                    │                      行为或成果进行更为全面、准确的考核
                    │
加减分项 ───────────┼─ 激励员工不断总结、── 某些加减分项的设计，如针对创新发明的
考核目的            │   寻求创新            加分项目，将在一定程度上激励员工在工
                    │                      作实践中不断总结，激发其创新精神
                    │
                    └─ 更具有针对性和实用性 ─ 对于某些特定的部门或岗位，加减分项可
                                            能比考核指标更具有针对性和实用性
```

图14-1　加减分项考核目的

由此可见，加减分项的设计将在企业实施绩效考核的工作中发挥一定的补充、完善考核体系以及激励员工积极工作等作用，并成为绩效考核体系设计中不可或缺的一部分。

14.1.2 加减分项考核内容

加减分项考核的内容包括所有影响企业目标实现的突发事件、不做日常考核的重大事件，以及对企业品牌形象具有一定影响的各类事件等，具体归纳分类如表14-1所示。

表14-1 加减分项考核内容分类

加分项	减分项	否决项
1. 行业年度奖	1. 设备延迟维修	1. 重大安全事故
2. 管理创新奖	2. 违规违纪	2. 巨大财产损失
3. 技术突破奖	3. 受到企业处罚	3. 违法乱纪
4. 环保贡献奖	4. 风险应对不当	4. 特殊关键指标未达成
5. 合理化建议奖		
6. 成本节约奖		

14.1.3 加减分项描述标准

加减分项考核的内容描述要明确、清晰，尽可能量化，不能模棱两可，更不能产生歧义。具体而言，加减分项的描述标准有以下3个方面。

（1）描述具体化，不能大而空。加减分项要具体到事件、个人、金额，以及对企业产生影响的估值等。以人力资源管理部的社保办理及时准确率减分项为例，具体如图14-2所示。

（1）考核期内，每出现1次社保办理不及时，减＿＿＿＿分
（2）考核期内，每出现1次社保办理的错漏情况，造成员工不满，减＿＿＿＿分

图14-2 人力资源管理部社保办理及时准确率减分项示例

（2）加减分分值设计。对考核内容进行具体描述的同时，应根据考核内容对部门或企业产生影响的轻重程度，设置加减分分值大小。以项目考核中项目经理的减分项设计为例，具体如图14-3所示。

（1）项目没有按照项目管理流程要求开展或提报材料不完整，每出现1次，扣项目经理绩效考核2分
（2）项目未按照项目计划及时完成或项目报告未及时提交，每出现1次，扣项目经理绩效考核5分

图14-3 项目经理绩效考核减分项设计示例

（3）加减分区间设计。考核的工作行为发生过程或形成结果不同，对部门或企业的影响也不尽相同，因此要设置相应的加减分的分值区间，以区分其影响力。以各部门制度、标准、流程覆盖不到位减分标准为例，每出现1次因制度缺失、关键节点监控不到位，而给企业造成不良影响的，视程度轻重减分，具体设计如表14-2所示。

表14-2 减分项影响程度及减分区间设计

影响程度	减分区间
给企业造成经济损失低于_____元	减1分
给企业造成经济损失高于_____元而低于_____元，对企业形象产生不良影响	减2~3分
给企业造成经济损失高于_____元，对企业形象产生恶劣影响	减4~5分

设置加减分描述标准不但有助于绩效考核人员考核工作的顺利进行，而且可使被考核者较为清晰地意识到特定工作行为对个人绩效所产生的影响。因此，加减分项考核要对考核项目及内容、考核奖惩标准进行准确、清晰的描述和规定，从而方便绩效考核人员以此为依据，进行加减分项的考核。

14.2 加分项设计维度

14.2.1 价值创造

价值创造是指某项突出工作为企业创造了价值，企业可针对此类工作行为设置加分项，予以表彰。加分项可从直接创造价值和间接创造价值2个方面进行设计。

（1）直接创造价值加分项：给直接为企业创造价值的工作行为设置加分项，如某科研人员获得国家科技进步奖，加5分。

（2）间接创造价值加分项：给间接为企业创造价值的工作行为设置加分项，如某员工因见义勇为受到主流媒体的表彰，提升了企业形象，加3分。

从价值创造维度划分的加分项主要考核员工行为能否为企业创造价值，具体表现形式为增加收益、提高企业形象和品牌知名度、进一步增强企业成长性等。

14.2.2 成本节约

该维度以降低开支、减少损失等工作行为给企业节约成本为标准，对加分项进行划分，具体可分为业务成本节约和管理成本节约2种加分项类型，如图14-4所示。

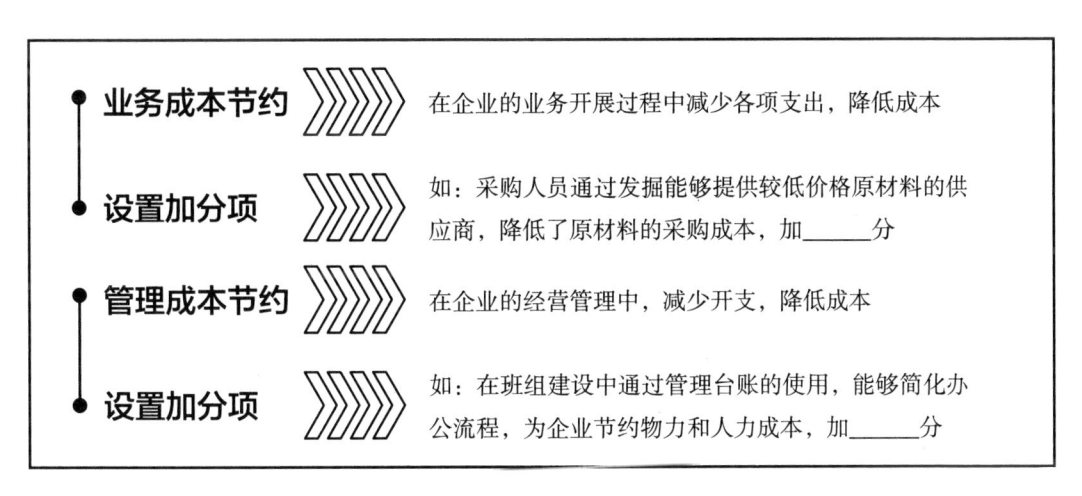

```
业务成本节约  >>>>  在企业的业务开展过程中减少各项支出，降低成本

设置加分项    >>>>  如：采购人员通过发掘能够提供较低价格原材料的供
                   应商，降低了原材料的采购成本，加_____分

管理成本节约  >>>>  在企业的经营管理中，减少开支，降低成本

设置加分项    >>>>  如：在班组建设中通过管理台账的使用，能够简化办
                   公流程，为企业节约物力和人力成本，加_____分
```

图14-4 成本节约加分项的2种类型

从成本节约维度划分的加分项主要考核员工能否在不影响工作结果的情况下，采取有效措施来降低企业某项成本支出，为企业节约资源，从而提高企业的盈利能力。

14.2.3 管理创新

该维度以在管理方式上进行改革创新，从而为企业提升生产经营效率为标准，对加分项进行划分。管理创新的加分项设计包括流程再造优化加分项、管理模式创新加分项和项目创新加分项等。

（1）流程再造优化加分项，指通过对工作流程进行整体梳理，在不影响工作结果的前提下，消除或简化流程中那些不必要的、费时费力的工作步骤，从而达到提高工作效率的目的。对在考核期内承担了流程再造优化项目工作的人员，加_____分。

（2）管理模式创新加分项，包括管理方法、工具的创新。例如，某企业推行的无纸化办公方法，简化了工作内容，提高了工作效率，使企业具备更高的盈利能力和竞争力，在推行无纸化办公方法人员的绩效考核中，加_____分。

（3）项目创新加分项，包括项目创意、项目提案、项目过程中的创新等。例如，某售后人员向某产品设计项目负责人提供了关于产品设计的一条建议，并最终使设计出的产品更符合用户需求，获得用户好评，在该售后人员的绩效考核中，加_____分。

从管理创新维度划分的加分项可以激励员工不断地开发出有助于做好工作的新方式和新方法，激发员工的创造性思维，并将其转化为有用的产品、服务或工作方法，提升企业整体创造力。

14.2.4　问题决策

问题决策加分项的2种类型如表14-3所示。

表14-3　问题决策加分项的2种类型

加分项类型	说明	示例
信息数据支持决策	根据数据分析结果，为企业、部门发展、改革提供决策支持的工作行为	在某企业更换独立董事的过程中，某工作人员根据行业内部、外部人员信息的数据分析结果，为董事会相关决策提供了支持，加_____分
决策工具发明及使用	包括发明新的决策工具和对已有决策工具的创新性使用	某高管创新性地使用某决策工具，更快速、有效地提出了合理的决策方案，加_____分

从问题决策维度设计的加分项，更注重被考核者在企业和部门中遇到发展问题，如发生战略转移或业务调整时，所具备的提供问题决策方法或思路的分析解决能力，体现了企业对数据分析、快速反应和决策等工作能力的重视。

14.3 减分项设计维度

14.3.1 偶发性事件

偶发性事件指企业生产经营中突发的、偶然的,对企业整体经营效益产生重要影响的各类事件。为防范此类事件的发生,在绩效考核中应设置相应的减分项,有关部门的偶发性事件及其减分项示例如表14-4所示。

表14-4 各部门偶发性事件减分项示例

部门	偶发性事件	案例说明
生产部	设备故障、产品质量问题	某企业的某型号手机因质量问题被召回,生产经理和产品经理未及时发现问题,给企业造成损失,减_____分
财务部	信息泄露、账实不符	每出现1次账实不符的情况,相关人员绩效考核减_____分
市场部	市场预测出现重大失误、顾客关系处理不当	某定制产品未及时交付,双方协商未果,顾客在领取产品时将其恶意损坏,经媒体报道后给企业带来负面影响,市场营销部门负责人绩效考核减_____分
技术部	重大技术失误、工作疏漏	某企业技术人员在系统检测时未及时发现漏洞,使得系统应用时出现重大问题,给企业造成损失,减_____分
人力资源管理部	员工大规模离职、员工关系问题	某企业短期内出现多名员工跳楼自杀事件,使企业遭受负面报道,影响声誉,人力资源管理部负责人未及时发现员工关系问题,预防处理不当,减_____分

虽然不同部门的偶发性事件表现形式各不相同,但如果相关负责人处理不当,都会给部门和企业的正常运营及企业形象带来不同程度的负面影响。所以,在绩效考核中设置各类偶发性事件减分项,会提醒各部门负责人和员工防范和避免上述偶发性事件的发生,以保证企业的正常运营,并维护企业形象。

14.3.2 风险管理

风险管理是企业在有风险的环境里,通过有效的风险预警和控制,将风险带来的损失降至最低的管控行为。为减少各类风险给企业带来的损失,在绩效考核中应设置风险管理减分项。风险管理分类及其减分项设置如图14-5所示。

企业各部门、各岗位、各类人员的工作都面临一定的风险,若被考核者未能正确识别风险或在风险发生时监控不力,在风险发生后补救不及时,给企业带来损失和不良影响,就要在其绩效考核中进行减分。

14.3.3 业务连带

业务连带是指当员工在工作过程中出现较大失误,并对部门业绩甚至企业发展造成不良影响时,将对其上级或团队进行相应的业务连带绩效减分。业务连带可分为下属连带主管、个人连带团队和部门合作连带同级部门3种情况。

(1) 下属连带主管,主要发生于上级疏于管理或监管不当的情况。例如,某企业客服部有10位客服人员,在某月度考核中有8位客服人员的投诉率都达到了____%,则客服部主管因监管不力,减_____分。

(2) 个人连带团队,一般发生在以团队为业务单元的企业,团队中某位人员未达到个人工作业绩要求,将会影响整个团队的业绩表现。例如,由于团队中某人未完成任务,使得团队目标完成率低于____%,整个团队绩效考核减_____分。

(3) 部门合作连带同级部门,发生于部门与部门之间合作的情况。例如,某部门的工作成果不合格,使得与之合作的其他部门承担连带责任,在绩效考核时减_____分。

业务连带减分项体现了上下级之间、团队内部以及部门与部门之间的连带责任,当其中一方工作未达标时,另一方也要进行绩效减分。这一减分项设计维度促使上级更加关注下属的工作表现,团队和部门之间也将互相督促,提高协调性和合作效率。

◎ **信誉风险**

针对对外合作部门，若被考核人员在与企业外部人员进行商业洽谈时，因工作失误或个人行为不当，对企业信誉产生不良影响，减_____分

◎ **经营风险**

针对中层管理人员，考核其对企业经营状况的把控能力。若出现重大经营失误，使企业绩效下降___%，减_____分

◎ **财务风险**

针对财务部负责人，若因企业财务结构设计不合理、融资不当等，导致企业出现丧失偿债能力、预期收益下降、现金流断裂等情况，减_____分

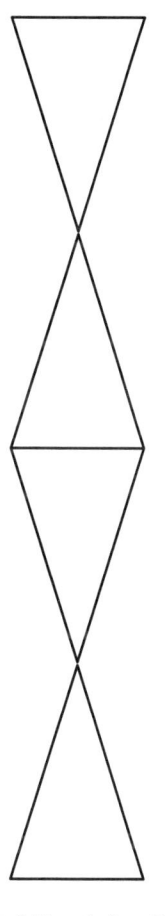

◎ **市场风险**

针对市场部人员，考核其对市场变化、目标群体需求变化的应对能力，以及对发展方向的掌控能力。若市场部人员未能对客户需求变化作出及时反应，致使企业损失达到_____元，减_____分

◎ **战略风险**

针对高层管理人员，考核其战略制定的准确性、战略发展规划与行业发展方向相匹配的程度。若企业出现重大战略失误，使企业盈利能力下降___%，减_____分

◎ **项目风险**

针对项目人员，若项目未能按时保质完成、未能按时提交项目阶段性总结或证实性材料，减_____分

图14-5 风险管理分类及其减分项设置

14.3.4 违规违纪

违规违纪是指在日常工作中，员工中出现了企业规章制度明令禁止的行为。为减少违规违纪行为的发生，在绩效考核中应设置违规违纪减分项。它具有普适性，适用于企业所有部门的所有员工，但在一些行业、部门或岗位要特别强调、突出。违规违纪减分项应用如表14-5所示。

表14-5　违规违纪减分项应用

平台或部门	违规违纪现象	减分处理
直播平台	某主播直播内容违规	直播主管未及时发现并制止，导致被平台封号或罚款，每出现1次，减_____分
财务部	做假账、逃税漏税	使企业遭受财产损失或形象受损，每出现1次，减_____分
采购部	采购专员收取回扣	损害企业利益达到_____元，减_____分

14.4　否决项设计维度

14.4.1　安全事故

安全事故是指在企业生产经营各环节中可能出现的，会给企业带来巨大损失、造成不可挽回的局面的重大安全事故。针对此类事故，在绩效考核中应设计否决项，明确相关责任，严格防控，以保证企业整体绩效。安全事故类型及影响如图14-6所示。

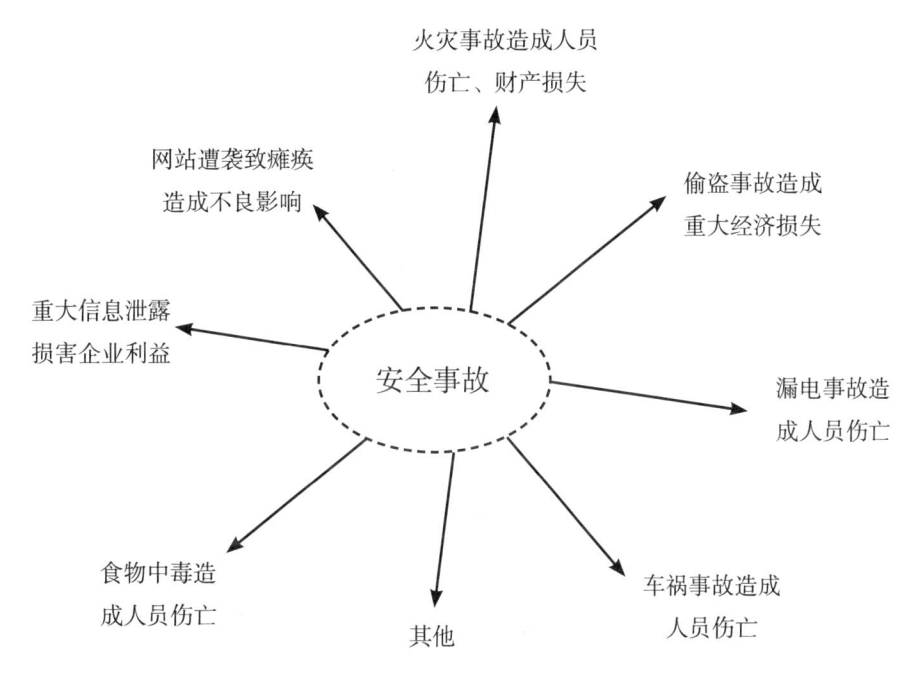

图14-6　安全事故类型及影响

例如，当企业发生火灾事故并造成人员伤亡时，应取消相关负责人的考核资格，甚至可以规定罚款、降薪、降职、停职等处理方式。安全事故否决项给各岗位工作人员敲响警钟，强调安全生产工作的重要性，将安全生产的理念贯彻落实到每位员工的工作实践中，避免企业安全事故的发生。

14.4.2　财产损失

财产损失否决项指由于工作行为不当或工作职责未履行，给企业带来巨大财产损失，将取消相关责任人的绩效考核资格。财产损失否决项可分为主观性财产损失和客观性财产损失2种类型。

（1）主观性财产损失否决项，指由于员工决策失误或处理不当，致使企业遭受财产损失，当损失达到一定数额时，相关员工将被取消考核资格。例如，出纳员到银行办理业务时，不小心将企业大量现金遗失，相关责任人将取消其考核资格。

（2）客观性财产损失否决项，指主要由外部因素造成的财产损失。例如，某企业遭不法分子非法入侵，并将财务部某员工未锁抽屉里的大量现金盗走，此员工因现金存储不当致使企业遭受财产损失达到一定数额时，将被取消考核资格。

财产损失否决项采用较为直观的衡量标准，对给企业带来一定财产损失的相关责任人取消其绩效考核资格，从而最大限度地避免了各类有损企业利益事件的发生。

14.4.3 特殊关键指标未达成

特殊关键指标未达成指对企业经营发展起决定性作用，维系企业正常经营的关键指标未达成的情况，一旦出现将取消相关负责人的绩效考核资格。特殊关键指标未达成否决项示例如表14-6所示。

表14-6 特殊关键指标未达成否决项示例

特殊关键指标未达成情况	否决处理
某企业某种关键性原材料的采购任务完成率低于____%	取消采购经理绩效考核资格
某航空公司飞行事故发生率比行业平均值高出____%	取消技术总监和运营高管的绩效考核资格
某创新型高科技企业研发投入占营业收入的比值比预定目标值低____%	取消研发部经理和创新总监的绩效考核资格

特殊关键指标未达成否决项的设定，能使企业管理人员对某些特殊关键指标给予足够的重视，从而确保企业的正常运营、其他部门各项工作的正常开展以及企业战略目标的达成。

14.5 加减分项设计基本法

14.5.1 应遵循的3个原则

（1）具有针对性。加减分项的设计应考虑特定部门、特定岗位的具体情况，在对相关人员进行加减分项考核设计时，应确保得到被考核者的认可，不能出现因设计不当导致多数人反对的情况。

（2）描述标准化。加减分项的考核内容、分值设计必须标准化，不能模棱两可，表述不清，导致出现考核失误的情况。

（3）保持一致性。作为考核指标的辅助项目，加减分项不能喧宾夺主，不可出现与考核指标有悖或重复的情况。

14.5.2 应注意的3个问题

加减分项分为加分项4个维度、减分项4个维度、否决项3个维度，共11个维度，设计加减分项时应注意的问题如图14-7所示。

❶ 分值不宜设置过高

❷ 项目条数不宜设置过多

❸ 不同维度应各有侧重点

图14-7 加减分项设计应注意的问题

—基本法—

第一条 加减分项设计应遵循对考核指标进行补充的原则，用以完善绩效考核，增强绩效考核的全面性和实用性。
第二条 加减分项设计应依据各部门、各岗位的具体情况，考核内容应具有针对性和适用性。
第三条 加减分项的分值要以被考核者的工作行为给企业或部门造成的影响程度为标准进行设计，并设定分值区间。
第四条 加减分项条数不宜设置过多，分值不宜设置过高。
第五条 否决项应根据安全事故、财产损失和特殊关键指标未达成等维度进行设置，要有说服力。
第六条 加分项一般是荣誉和奖励。
第七条 减分项一般是内控、合规和安全。

第八条　加减分项务必要说清楚加减分分数，如果是区间，必须要对如何使用这个区间进行详细的说明。

第九条　加分项考虑到总分的设置，应该有最高值。

第十条　减分项除了企业明确固定的以外，可以考虑考核委员会和主管领导的加减分项的设置。

第十一条　加减分项是为了达成某一个目标而设置的特殊考核事项，它的设置应该经过充分考量和权衡，不能随意使用。

工程项目经理
绩效考核方案

第15章

分值区间的设计：
指标分值赋值标准

某汽车零配件生产企业近期接到一批汽车配件定制性生产的订单，生产经理安排3个班组共同生产这批产品，生产期限为3个月。虽然3个班组都按时完成了这批产品的生产任务，但是相对于其他2个班组的班组长而言，A班组的班组长李某平时工作表现更认真、负责。经产品质量检测后，检测报告中显示A班组生产的产品质量合格率比其他2个班组的都高约5个百分点。然而，在对班组长的当期季度绩效考核中，这3个班组长的产品质量合格率考核指标的得分几乎相同，于是A班组的班组长李某提出了异议。

经调查发现，该考核指标的分值幅度设计出现了失误：由于3个班组长的产品质量合格率数值都没有达到高分档的要求，也没有进入低分档范围，所以3人的该指标考核得分几乎没有差距。此案例说明，指标分值区间设计合理与否，关系着绩效考核工作是否准确、公平。

15.1 指标分值赋值标准

15.1.1 分值幅度范围

分值幅度的范围确定了指标考核得分的最高值、最低值和中间值的层次。设置分值幅度时，应考虑的因素包括满分制的选取、分值幅度的确定以及是否有"封底值"和"封顶值"等。

（1）选取满分制。企业绩效考核中常用的满分制有十分制、百分制和千分制，其中使用百分制的情况较为常见，但对于某些岗位，十分制或千分制更为适用。例如，在对工厂操作工人进行绩效考核时，由于其工作操作步骤烦琐，相应考核指标的个数可能多于其他岗位，为避免分值过小使得计算困难，因此采用千分制进行考核。

（2）确定分值幅度。根据绩效考核指标的考核细则描述，设计相应的考核分值或加减分幅度。

（3）设置封底值和封顶值。一般考核指标的分值都应设置封底值和封顶值。封底值即指标的最低得分，一般为0，有的指标还可以倒扣分。封顶值即指标的最高得分，一般如果不标明则默认封顶值是满分，但有的指标可以设计封顶值超过满分。例如，某企业销售经理岗位的"销售目标达成率"这一绩效考核指标，其封顶值可以设为120%。

15.1.2 减分赋值标准

减分赋值标准一般是根据被考核者实际工作绩效与绩效考核指标目标值之间的比较差值进行设计的，具体来说，定量指标减分赋值标准、定性指标减分赋值标准和减分封底值赋值标准的设计方法略有差别。

1. 定量指标减分赋值标准

（1）对于指标实际完成值与目标值呈线性关系的定量指标，可以根据线性关系，利用指标计算公式设计得分计算公式，直接计算出该指标的绩效考核得分，得分计算公式应客观、简便、有效。以销售经理"销售目标达成率"这一绩效考核指标的减分赋值标准为例，如表15-1所示。

表15-1 销售考核指标的减分赋值标准

考核指标	指标计算公式	得分计算公式
销售目标达成率	实际销售达成率 =（本期实际销售额/目标销售额）× 100%	绩效考核得分=指标实际值 × 权重 × 满分值

（2）根据频次、数量、时间等计量单位进行减分设计。如图15-1所示，在行政专员的"文书档案保管完整率"指标的考核标准设计中，根据重要文书档案出现不完整情况的次数，进行减分设计。

文书档案保管完整率 ▶▶▶
（1）目标值为100%
（2）对于重要的文书档案，每出现1次不完整的情况，减____分
（3）对于一般的文书档案，完整率每降低____%，减____分
（4）完整率低于____%，得0分

图15-1 文书档案保管完整率指标的考核设计

（3）非线性关系下，根据考核要求设置梯度减分赋值标准。如表15-2所示，在安全经理的考核中，对"部门安全规范考试合格率"这一考核指标，分梯度进行减分设计。

表15-2 部门安全规范考试合格率指标减分设计

考核指标	指标值区间	减分设计
部门安全规范考试合格率	100%	不减分（满分为10分）
	95%（含）~100%	减2分
	90%（含）~95%	减7分
	90%以下	减10分

2. 定性指标减分赋值标准

定性指标无法直接通过数据计算进行减分设计，而是要对考核指标进行客观描述和分析，确定减分幅度。以市场专员绩效考核中"市场分析报告数据准确性"指标和"违规违纪"指标为例，具体设计如表15-3所示。

表15-3 市场分析报告数据准确性指标和违规违纪指标减分设计

考核指标	得分区间	减分设计
市场分析报告数据准确性	数据准确，可为下一步工作提供参考	不减分（满分为10分）
	大多数据可为下一步工作提供参考	减3分
	相当多的数据不可信，参考性差	减8分
	不准确，报告失去意义	减9分
违规违纪	出现次数为0	不减分（满分为10分）
	出现1次	减2分
	出现2次	减5分
	出现3次及以上	减10分

3. 减分封底值赋值标准

绩效考核中大多数指标减分设计为最低得0分，即"封底值"。不过，也有部分岗位的绩效考核指标可设置减分"不封底"，即最差的情况绩效得分为负值。如表15-4所示，当员工离职率高于60%，可将人力资源管理部经理的该项指标的绩效得分减到-2分。

表15-4 员工离职率考核标准

考核指标	考核标准
员工离职率	目标值为15%，满分为10分
	每超出5%，减1分
	超过50%且低于60%，得0分
	超过60%，得-2分

15.1.3 加分赋值标准

绩效考核指标的加分赋值与减分一样，可根据定性指标、定量指标的特点以及是否设置"封顶值"进行设计。

（1）定性指标的加分赋值，可根据指标描述的不同级别进行设置。以产品运营主管的"产品结构合理性"考核指标加分设计为例,具体如表15-5所示。

表15-5 产品结构合理性的加分赋值设计示例

考核指标	描述级别	加分赋值
产品结构合理性	不同产品线的发展战略、具体策略和实施步骤有重大缺陷	0分
	不同产品线的发展战略、具体策略和实施步骤不能有效兼顾市场变化和企业战略	2分
	不同产品线的发展战略、具体策略和实施步骤基本兼顾市场变化和企业战略	5分
	不同产品线的发展战略、具体策略和实施步骤能兼顾市场变化和企业战略,但反应滞后	6分
	不同产品线的发展战略、具体策略和实施步骤能及时兼顾市场变化和企业战略	8分
	不同产品线的发展战略、具体策略和实施步骤能有效兼顾市场变化和企业战略,且反应较快	10分

(2)定量指标的加分设计,相对于减分设计而言,应用较少,可依据绩效指标实际完成值超过合格值或目标值的程度来设计加分赋值。以客服人员的客户满意度指标和销售人员的销售目标完成率指标为例,具体如图15-2所示。

```
◎考核岗位:客服人员
  考核指标:客户满意度
  考核标准:通过客户满意度调查,
  其评分的平均值达到_____分;平
  均值每增加_____分,客服人员绩
  效考核分数相应加_____分
```

```
◎考核岗位:销售人员
  考核指标:销售目标完成率
  考核标准:销售目标完成率
  低于____%,得0分;每增
  加____%,加____分;达到目标
  值____%,得10分(满分)
```

图15-2 定量指标加分赋值示例

(3)封顶值设置是绩效考核指标加分赋值标准设计中很重要的一点。尤其是有计算公式可以直接计算考核得分的定量指标,为避免最终考核得分超过满分,导致考核失效,应针对指标目标值估算确定的封顶值。通常情况下,在绩效考核中还应对绩效考核指标的封顶值进行说明。

15.2 指标分值赋值例外情况

15.2.1 例外原则

绩效考核指标分值设计的例外情况，也应遵循一定的原则，不能盲目设计，具体设计原则如下。

（1）具有合理性，确保得到被考核者的认可，如有异议及时沟通。

（2）确保适用性的同时，要兼具公平性，不能与同部门其他岗位人员的绩效考核指标分值形成冲突，造成不良影响。

15.2.2 例外情况示例

绩效考核指标分值设计的例外情况只会发生在企业某些特殊业务部门或岗位上，主要有以下3种情况。

（1）某部门或岗位的业务职责比较集中，若只集中于某项业务工作上，这时可设计、提炼的指标较少，每个指标的分值赋值会比较高。

（2）某些岗位业务或职责比较分散，或者在某阶段内临时工作任务比较多，导致绩效考核指标比较分散，数量超出标准，这时每个指标的分值赋值会比较低。

（3）由于部分绩效考核指标比较重要，属于重点考核的部分，在设计时可能分值赋值会较高或加大分值区间。

在设计绩效考核指标时，应遵循考核分值赋值标准，如遇例外情况则应遵循例外原则调整赋值。

15.3 指标分值赋值基本法

15.3.1 应避免的3种情况

绩效考核指标分值的设计要遵循既定原则，为确保分值赋值的准确性，绩效考核人员在设计分值时应避免出现以下3种情况。

（1）分值设置随意，不具备严谨性与合理性。

（2）分值区间设计不合理，与绩效指标的考核内容、层级不相符。

（3）不同人员的同一考核指标业绩表现不同，但绩效考核得分差距不明显。

15.3.2 应规范的5个事项

考核指标的分值，应根据其在所有考核指标中的相对重要程度和在岗位职责重要性排列中占据的位置进行设置，分值区间、赋值的设计应规范5个事项，如图15-3所示。

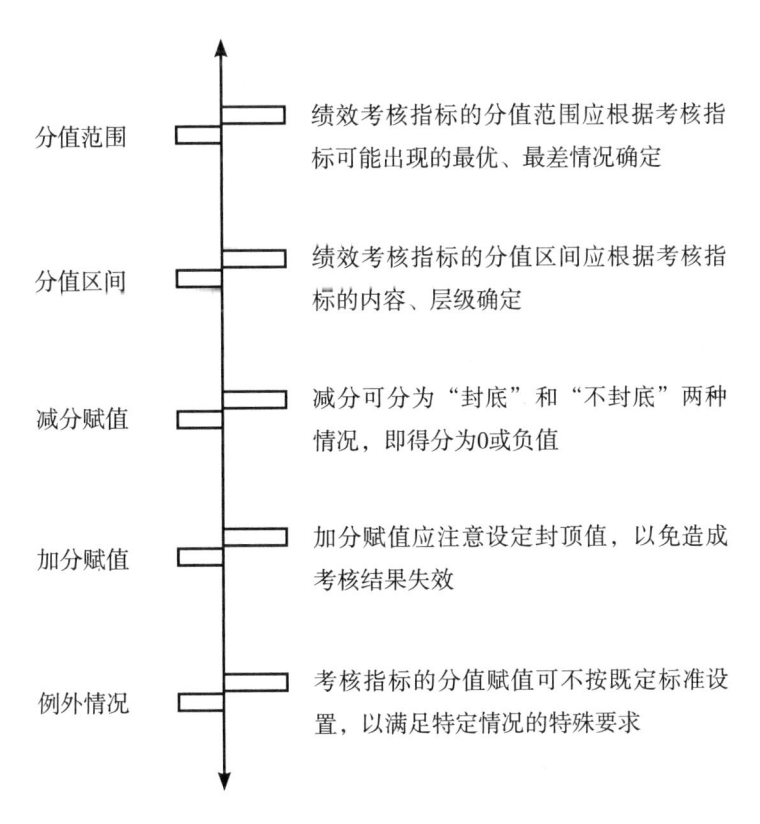

分值范围	绩效考核指标的分值范围应根据考核指标可能出现的最优、最差情况确定
分值区间	绩效考核指标的分值区间应根据考核指标的内容、层级确定
减分赋值	减分可分为"封底"和"不封底"两种情况，即得分为0或负值
加分赋值	加分赋值应注意设定封顶值，以免造成考核结果失效
例外情况	考核指标的分值赋值可不按既定标准设置，以满足特定情况的特殊要求

图15-3 设计分值区间及赋值应规范的5个事项

—基本法—

第一条　绩效考核指标的分值设计要有合理性，要依据考核指标的内容、层级设置，且各指标分值区间设计要合理，做到有侧重、有高低。
第二条　根据定性指标、定量指标各自的特点设计指标分值赋值。
第三条　根据绩效指标的具体情况，确定指标分值是否"封底"和"封顶"。
第四条　绩效考核指标的分值设计可以有例外情况，且应遵循例外原则。
第五条　分值的总体设计应该和部门、岗位的主要任务匹配，能体现部门和岗位的价值。
第六条　分值的设计应该充分考虑最终考核时不同部门和岗位的区分度。
第七条　加减分分值的设置必须具体且明确。

调度主管绩效
考核示例

第16章

变化的考核指标如何处理：动态指标处理标准

某企业为了更好地规范内部管理，特请某咨询公司设计了一套绩效考核体系。由于当时企业正处于转型初期，企业采用的这套绩效考核体系，激发了员工斗志，使得业绩节节攀升。3年过去了，该企业已经转型成功，并且市场份额进入业内前三，然而该企业还是沿用这套绩效考核体系。对此，员工怨声载道，认为考核指标设置不合理。

企业在转型初期和成长期的发展重心不同，考核指标应该根据企业发展现状作出相应调整。调整指标时，还应该遵循一定的标准和原则。

>>>

16.1 考核指标变更原则

16.1.1 指标变更情形

企业内部的考核指标不是一成不变的，而是随着内外部各种因素的变动发生变化的。

1. 影响指标变更的因素

指标变更主要受到内外部因素的双重影响，具体如图16-1所示。

```
                    影响因素
          ┌────────────────┴────────────────┐
     外部因素                              内部因素
  1. 国家法律、法规的变更              1. 企业战略和发展目标调整
  2. 经济环境的变化                    2. 企业业务重点发生转变
  3. 国际、国家、行业的标准的变化      3. 组织架构调整及部门职责变更
  4. 外部竞争的影响                    4. 岗位职责调整
```

图16-1 影响指标变更的因素

2. 指标变更的几种情况

考核指标变更主要有以下几种情况。

一是新的指标替换旧的指标。

二是有的指标不能反映考核的真实情况，被弃用或删除。

三是随着业务的发展、数据的明确，指标要更精准，因此需要重新设立新的考核指标。

16.1.2 指标变更时间

根据指标变更的时间不同，可以分成两大类，即计划内的指标变更和计划外的指标变更。

1. 计划内的指标变更

计划内的指标变更是指事先计划好变更指标的时间，如年初、季度初、月初或一个考核周期开始的前几天等。此类指标的变更有一定的计划性，更利于工作的安排和开展。

2. 计划外的指标变更

计划外的指标变更，指未在绩效考核的工作计划中体现，而是根据实际工作发展的需要进行的考核指标变更。变更时间大多在一个考核周期开始的前几天或者考核期开始后的前期等。

16.1.3 指标变更审核

指标变更对于企业的业绩和员工工作重点有着一定的导向作用，所以变更指标必须慎重，须经过相关部门的审核。

1. 指标变更审核的流程

指标变更审核的流程如图16-2所示。

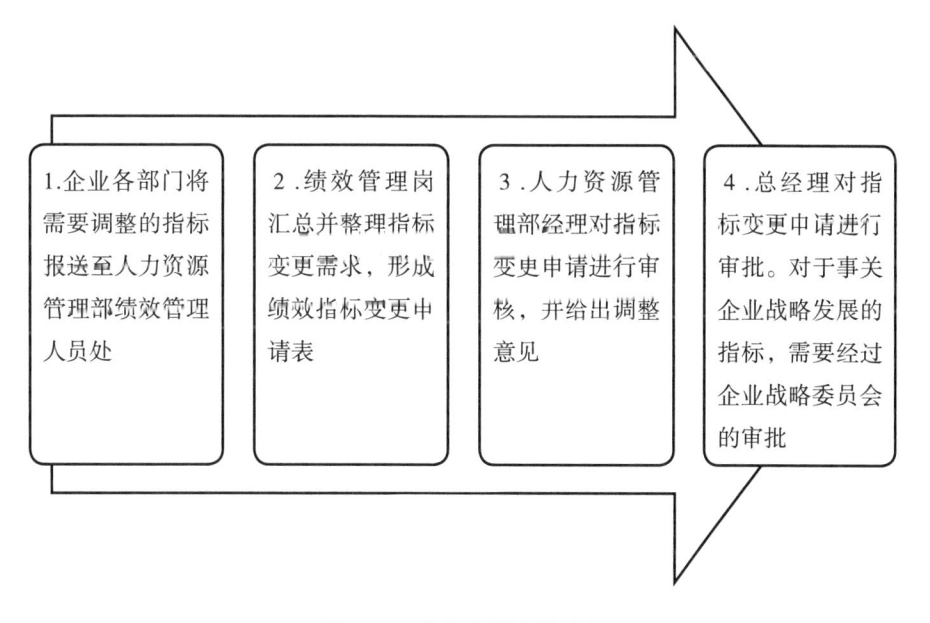

```
┌─────────────┬─────────────┬─────────────┬─────────────┐
│ 1.企业各部门 │ 2.绩效管理岗 │ 3.人力资源管 │ 4.总经理对指 │
│ 将需要调整的 │ 汇总并整理指 │ 理部经理对指 │ 标变更申请进 │
│ 指标报送至人 │ 标变更需求， │ 标变更申请进 │ 行审批。对于 │
│ 力资源管理部 │ 形成绩效指标 │ 行审核，并给 │ 事关企业战略 │
│ 绩效管理人员 │ 变更申请表   │ 出调整意见   │ 发展的指标， │
│ 处           │             │             │ 需要经过企业 │
│             │             │             │ 战略委员会的 │
│             │             │             │ 审批         │
└─────────────┴─────────────┴─────────────┴─────────────┘
```

图16-2 指标变更审核流程

2. 指标变更审核的内容

针对须变更的指标，一般主要审核以下3个内容。

（1）指标变更原因。即为什么变更考核指标，从部门的业务特点到指标的作用等几个角度阐明指标变更的原因。

（2）指标介绍。列出新旧指标的名称、缩写、设定目的、定义、适用范围、计量单位、计算公式、考核周期、考核频率、权重、目标值、信息来源、使用说明、配套指标和失真提示等。

（3）指标变更的实施时间。在审核考核指标变更时，还应该审核指标变更的实施时间。因为一旦考核指标发生变更，指标对应的业务方向就有所调整，所以审核时有必要对指标变更的实施时间做好把控。

3. 指标变更审核的负责人

指标变更审核的负责人主要包括申请指标变更的部门负责人、人力资源管理部的绩效管理人员和部门负责人、企业总经理以及企业战略委员会的成员。

16.2 考核模板调整程序

16.2.1 确定调整内容

调整绩效考核模板，首先应该明确哪些内容需要调整，哪些内容不需要调整。

1. 考核模板包含的内容

一般情况下，考核模板包含以下内容。

（1）绩效考核说明。主要说明绩效考核理念及目的、绩效管理的相关制度与流程。

（2）年度工作目标设定考核表。即一整年的工作目标设定情况，记录指标的完成情况等。

（3）月/季度评估表。即每个月或者每个季度各项考核指标的完成情况。

（4）员工职业发展计划表。包含个人能力发展目标的设定与具体计划的实施等。

2. 需要调整的内容

考核指标一旦发生变更，考核模板中的部分内容也需要进行相应调整，具体需要调整的内容如下。

（1）直接涉及具体考核指标项目的内容。例如，在"年度工作目标设定考核表""月/季度评估表"中出现的具体考核指标。

（2）与考核指标直接相关的绩效考核说明。例如，在"绩效考核说明"中增加说明变更指标的原因或者指标变更的流程等。

16.2.2 沟通确认考核模板

调整了考核模板的内容后，下一步需要与相关部门沟通并确认考核模板。

1. 参与沟通的人员

参与沟通的人员主要有人力资源管理部经理、人力资源管理部绩效管理人员以及考核模板应用部门的负责人。

2. 确认的方式

经过沟通之后，参与沟通的各部门、各岗位人员需要确认沟通、讨论的最后结果，一般采用以下确认方式。

（1）自下而上。当涉及的部门和岗位比较多时，应该按照同一个部门自下而上的顺序进行确认。

（2）书面确认。在确认时，主要采用书面确认或邮件确认的方式，既可以记录确认的完成情况，又可以记录可能提出的新的修改需求。

3. 模板的确认

确认考核模板，主要是要达到各个部门能够充分理解绩效考核模板的各个模块的作用，有利于对绩效考核模板的正确应用。

16.2.3 审批调整执行

考核模板经沟通确认后，下一步需要做的是审批、调整和执行，具体如图16-3所示。

审批	调整	执行
1. 一般情况下，考核模板需要经过相关部门负责人和企业总经理的审批 2. 如果涉及关系企业发展方向的考核模板，还需要通过企业战略委员会的讨论和审批	1. 各部门负责人和企业总经理审批时，会存在再次修改和调整的可能 2. 调整之后，再执行审核和审批程序	1. 人力资源管理部负责发布新的考核模板，并对相关人员进行新考核模板使用方法的培训 2. 其他部门各层级管理人员学习新考核模板的使用方法，并将新启用的绩效管理指标的特点和作用向被考核者说明

图16-3　考核模板的审批、调整与执行

16.3　动态指标处理标准基本法

16.3.1　应注意的3个问题

（1）指标变更审核的流程设计要突出实效性，保证变更的指标能够及时、快速地被审核、审批和启用。

（2）变更岗位级、部门级和企业级的考核指标时，要注意三者之间的关联性。

（3）对于没有设置战略委员会的企业，可以通过召开部门负责人例行会议来审批重要的考核指标变更。

16.3.2　应规范的3个事项

（1）绩效管理岗人员应将一些指标变更的基本常识，向各个部门的负责人传达，或以培训的方式进行普及。

（2）关于指标变更，应制定对应的指标变更制度、流程和表格。

（3）绩效管理人员应规范指标变更的几种情况，并指导各部门如何发现需要变更的指标。

—基本法—

第一条　考核指标不能随意变更，变更时应考虑指标变更原因、变更时间和变更审核流程等。

第二条　整个绩效考核模板应根据考核指标的变化，作出相应的调整。具体程序包括确定调整内容、沟通确认考核模板、审批调整执行。

第三条　季度变化的考核指标，应该在考核模板中说明。

第四条　年度变化的考核指标，应该在年度考核指标评审时，直接改变考核指标库。

第五条　考核指标因为技术的变化，需要立即调整的，应该予以说明，并通过考核委员会审议。

第六条　考核指标过时，或者不切实际的，应立即予以纠正。

第七条　对于考核是否适当，是否合理的问题，应该提交考核委员会审议。

第八条　考核模板每年度变化一次，考核指标每年度说明一次。

第九条　动态指标如何动态变化，需要作出明确的说明（例如淡旺季）。

采购目标任务考核指标变更示例

第17章

目标值如何变动：
指标目标值变动标准

尽管方便面曾经扮演过"春运神器""加班搭档""创业伙伴"等角色，但随着外卖派送、健康餐饮等模式的大力冲击，方便面的地位正走向尴尬的局面。在这样的行业发展背景下，某方便面生产制造企业的销售人员也是怨声载道，抱怨达不到销售目标、完不成订单数等，甚至还有销售人员由于达不成业绩目标而选择离职。

在这种方便面的行业销量整体下滑的环境中，方便面生产企业如果仍然按照以往的标准和惯例制定销售目标，那么销售部的目标将很难完成，最终导致目标形同虚设。这不但不能发挥目标应有的激励作用，反而会成为员工消极怠工的根源。

在这种市场环境下，企业目标值应该根据现状，作出相应调整，而调整目标值应该参照一定的标准。

17.1 目标值调整标准

17.1.1 目标值调整原则

绩效考核指标的目标值不是一成不变的，应根据企业内外部的变化去调整。目标值调整的原则主要有以下3点。

1. 一致性原则

一致性原则是目标值调整的总原则。它是指各个绩效考核指标的目标值应当与预算和年度计划的目标值保持一致。

2. 紧跟时代原则

紧跟时代原则指的是，绩效考核指标目标值的调整要紧跟时代发展，即要与企业战略发展要求、行业标杆企业的发展以及历史数据相对应。

3. 灵活性原则

调整绩效考核指标时要体现灵活性的原则，即当某些部门或岗位发生临时性变动时，目标值要作出相应的调整。

17.1.2 目标值调整情形

在几种情形下，绩效考核的目标值需要作出适当的调整或修正，如图17-1所示。

17.1.3 目标值调整程序

调整绩效考核指标的目标值时，需要按照一定的程序执行。

1. 目标值调整需求的提出

目标值调整在企业整体运营中占有很重要的位置，如果处理不当，将会影响企业的经营发展。目标值调整一般都是由企业各部门的管理人员提出的。

目标值调整提出者需要填写绩效考核指标目标值调整申请书，并详细说明调整理由、调整所需的资源（人、财、物等）以及调整后的目标值实施方案等。

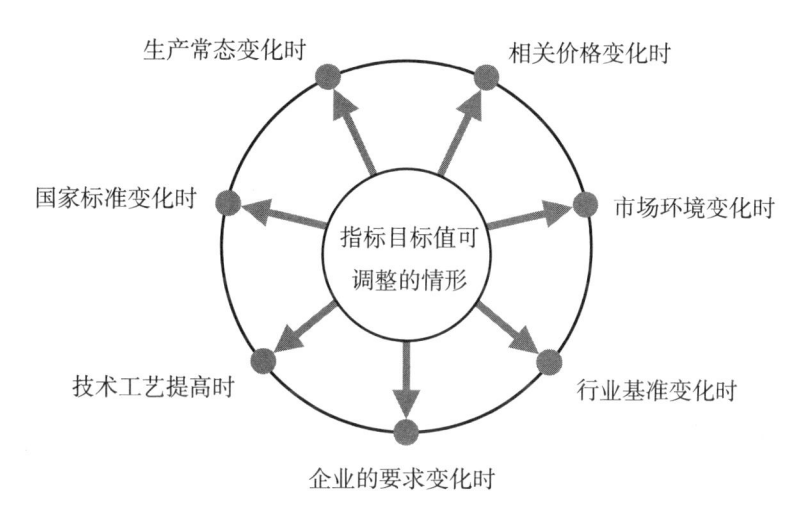

图17-1 目标值调整的几种情形

2. 目标值调整的讨论

企业一般会召开专门会议对目标值是否需要调整进行讨论和商议。讨论过程及结果以书面文件的形式进行记录，要求所有与会人员签字，并以附件形式附在目标值调整申请书之后。

3. 目标值调整的实施

将目标值调整讨论会确定的最终目标值，以内部通知的形式告知相关部门或岗位。相关部门或岗位根据新的目标值执行考核工作。

17.2 失常目标值矫正标准

17.2.1 失常目标值范围

失常目标值的范围主要体现在两个方面，如图17-2所示。

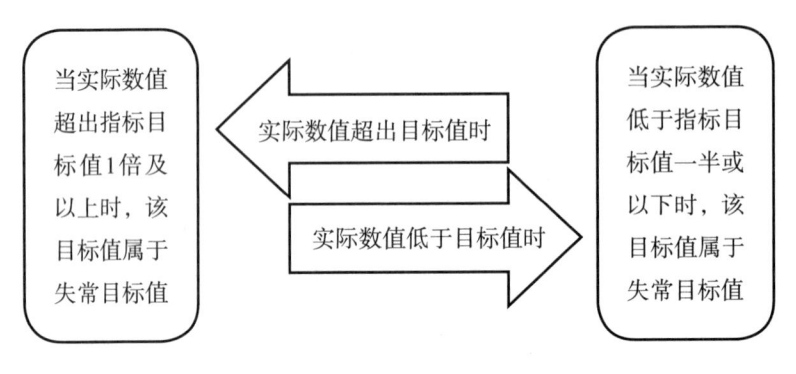

```
┌─────────┐                        ┌─────────┐
│当实际数值│ ←──实际数值超出目标值时── │当实际数值│
│超出指标目│                        │低于指标目│
│标值1倍及 │                        │标值一半或│
│以上时,该 │ ──实际数值低于目标值时──→│以下时,该 │
│目标值属于│                        │目标值属于│
│失常目标值│                        │失常目标值│
└─────────┘                        └─────────┘
```

图17-2　失常目标值范围

17.2.2　失常目标值矫正方法

为了保证失常目标值的矫正工作更加及时、有效，可以利用一些方法来矫正失常目标值。

1. 失常目标值矫正规范

失常目标值矫正规范规定失常目标值的范围，避免将没必要矫正的目标值矫枉过正。失常目标值矫正规范的主要内容包含以下两个方面。

（1）规定目标值需要矫正的情形。明确目标值需要矫正的原因，并以更加具体的形式确定下来，如在目标值制定时的内外部环境发生了哪些变化，并详细说明企业的实际应对情况。

（2）规定目标值执行的误差范围。目标值不应仅限于某一个具体数值，而应当是一个范围。只要实际达成额在目标值的范围内，就没有必要矫正。

2. 失常目标值矫正流程

一般按照如图17-3所示的流程矫正失常目标值。

3. 失常目标值矫正记录表

为了更好地监督失常目标值矫正的操作过程，可以借助失常目标值矫正记录表记录矫正情况，如表17-1所示。

（1）发现目标值失常 由绩效管理人员负责监控并搜集指标目标值的失常情况，一旦发现有异常，及时记录	➢	（2）矫正失常目标值 人力资源管理部负责与业务部进行沟通，分析失常目标值，并提出矫正方案	➢	（3）审批新的目标值 人力资源管理部负责将新的目标值递交企业总经理或董事会，审批通过后予以启用

图17-3　失常目标值矫正流程

表17-1　失常目标值矫正记录表

目标值执行者		所属部门		填表日期	
原目标值					
矫正后的目标值					
目标值矫正理由					
审核人签字					
审批人签字					

17.3　指标目标值变动基本法

17.3.1　目标值调整应注意的3个问题

（1）在目标值调整的3个原则中，一致性是最基本、最重要的原则。

（2）调整目标值时，可以依据目标值调整情形中的一种情形，也可以依据多种情形，做到具体情形具体分析。

（3）在设定目标值调整程序的同时，还应规划好每一步流程的时限，保证高效地完成目标值的调整。

17.3.2 目标值矫正应关注的3个关键点

(1) 衡量失常目标值时,应考虑目标值的误差范围。

(2) 由于失常目标值矫正记录表记录了整个矫正过程,因此应安排专人妥善保管。

(3) 矫正失常目标值时,除了要考虑本部门的具体情况,还应考虑其对关联部门的影响。

—基本法—

第一条　调整目标值应遵循一致性、紧跟时代、灵活性等原则。
第二条　目标值的调整或者失常目标值的矫正须按照一定的程序或流程执行,通过高层管理人员的审批之后,方可应用。
第三条　矫正失常目标值之前,应明确失常目标值的范围,避免矫正工作变成无用功。
第四条　目标值可以根据技术进步而调整。
第五条　目标值可以根据新设备的使用而调整。
第六条　目标值可以根据主要考核指标的变化而调整。
第七条　目标值可以根据市场情况的变化而调整。
第八条　目标值可以根据竞争情况的变化而调整。
第九条　目标值可以根据人员情况的变化而调整。
第十条　目标值可以根据新产品的出现情况而调整。
第十条　目标值可以根据政策变化的情况而调整。
第十一条　目标值可以根据企业战略的变化而调整。

客服部指标目标值调整示例

第18章

权重如何调整：
指标权重变化标准

乱象一： 由于公司战略重心的转移，某图书出版公司将部分图书审校岗的人员转为审校销售岗，主要负责图书审校及线上图书销售工作。但是，在该部分人员的绩效考核指标体系中，图书审校工作完成率所占的比重依然为公司战略重心转移前的40%，导致审校销售岗人员的各期绩效远低于审校岗人员，从而引发审校销售岗人员的不满情绪，严重影响其工作积极性。

乱象二： 某养生壶生产公司销售部调整销售策略，在2010年拟将线下实体店销售策略转变为线上网店销售和线下实体店销售协同策略，因此该公司将2010年第一季度销售部绩效指标体系中的网店销售量由原来的10%直接提高至30%，实体店销售量降到25%。但由于企业网店在第一、二季度还处于推广期，辨识度不高，产品的销售渠道还是以实体店销售为主。因此，根据调整后的指标权重，销售部人员的绩效偏低，导致销售部人员对绩效考核结果普遍不满，并进一步致使第二季度的销售量骤减。

出现上述乱象主要是因为企业绩效考核人员未能准确识别指标权重调整时机，且未能合理控制权重调整范围，从而导致企业绩效考核指标权重调整时机和调整幅度不合理，难以准确衡量被考核者的绩效，引发被考核者的不满，严重打击被考核者的工作积极性。

因此，企业绩效考核人员在调整绩效考核指标权重时，须准确把握调整时间，并合理控制权重调整范围，确保指标权重的动态性、实用性、科学性。

18.1 权重动态变化情形

18.1.1 权重变化依据

绩效考核指标权重在设定后，其分值并非一成不变，而是会发生变化的。那么，为什么会发生变化，其变化依据是什么呢？

指标权重之所以在设定好后发生变化，是因为那些被指标所反映的或与指标相关联的业务职能或工作内容发生了变化，从而导致其在企业业务发展、部门工作开展及员工个人工作开展中所占的比重发生变化，进而导致与其相关的绩效考核指标的权重发生变化。而指标权重变化的依据则是调整后的业务职能或工作内容在企业业务发展、部门及个人工作开展中的重要程度的变化，即调整后的业务职能或工作内容的重要性提高，相应指标权重增加；反之，则权重减少。

18.1.2 权重调整时机

绩效考核人员进行指标权重调整需要注意调整的时机，即在适当的时机下进行绩效考核指标权重的调整，以确保绩效考核指标权重调整及时、有效。绩效考核指标权重调整时机主要有4类，具体如图18-1所示。

| 个人工作重点或岗位职责发生变化 | 部门人员调整 | 组织结构调整或部门职能发生增减 | 业务结构或业务领域发生改变 |

图18-1 权重调整时机示意图

18.1.3 权重调整幅度

绩效指标权重随绩效指标重要程度的变化而调整。但是在调整绩效指标权重时，绩效考核人员如何确定调整的幅度呢？

在调整权重时，绩效考核人员应根据企业绩效考核的实际需要确定调整幅度，具体的要求如图18-2所示。

要求一 原则上，指标权重变化的幅度须为5的整数倍；在特殊情况下，可以采取其他数值，并说明理由

要求二 指标权重每次调整的幅度上限为10%

图18-2 权重调整幅度确定要求示意图

18.2 权重动态变化标准

18.2.1 指标权重转移

指标权重转移，是指指标的权重临时转到其他指标上，其权重变为0，而其他相关指标的权重增加。指标权重转移实施的重点是确定转移时机，明确转移对象，具体说明如图18-3所示。

什么时候能够进行指标权重转移？
当行动方案、某项指标及其他重点工作在某个考核周期内不被考核时

权重值可转移到哪些指标上？
岗位较关键的1~3个绩效考核指标上

图18-3 指标权重转移实施重点说明示意图

18.2.2 权重增加或减少

指标权重增加或减少，是指当某项重点工作临时增加或减少时，其相应的权重须

随之增加或减少。绩效考核人员应根据岗位的实际情况并结合工作的变化情况，进行相关指标权重的增减，具体实施要求如图18-4所示。

> 指标权重增加时，增加后的指标权重值一般不得高于最关键指标的权重值

> 指标权重减少时，减少后的指标权重值不得为0

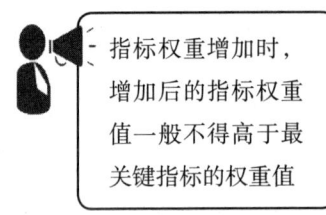

图18-4　指标权重增减实施要求示意图

18.2.3　重复考核权重调整

在企业绩效考核中，经常会出现上下级同时对一个绩效考核指标进行考核，即绩效考核指标被重复考核的情形。在这种情形下，如果该指标权重较大，容易使被考核者忽视其他指标，不利于企业生产经营活动的均衡开展，同时，也会导致绩效考核风险集中。因此，绩效考核人员须对重复考核的指标的权重进行调整，其调整要求如图18-5所示。

要求一　同一指标在各级岗位绩效指标考核体系中所占的权重之和不得超过100%

要求二　依据各级岗位对完成某项工作所承担的责任轻重程度调整指标权重

图18-5　重复考核指标的权重调整要求

18.3 权重动态变化程序

18.3.1 申请与设计

当企业关键业务职能或工作内容发生变化而须进行指标权重调整时，绩效考核人员应根据调整需要向上级提交绩效考核指标权重调整申请表，并设计调整方案，具体实施规范如下。

1. 提交指标权重调整申请表

在确定需要调整指标权重时，绩效考核人员首先应根据指标权重调整的需要，向人力资源管理部总监提交指标权重调整申请表。指标权重调整申请表应包括但不限于如图18-6所示的3项内容。

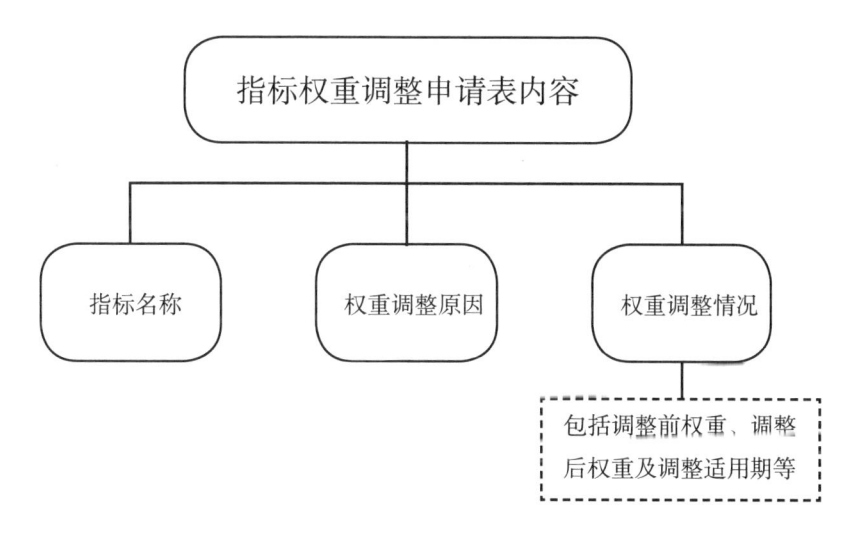

```
                    指标权重调整申请表内容
                    ┌──────────┼──────────┐
                指标名称    权重调整原因    权重调整情况
                                              │
                                    ┌─ ─ ─ ─ ─ ─ ─ ─ ─ ─ ─ ─┐
                                    │ 包括调整前权重、调整  │
                                    │ 后权重及调整适用期等  │
                                    └─ ─ ─ ─ ─ ─ ─ ─ ─ ─ ─ ─┘
```

图18-6 指标权重调整申请表内容

2. 设计指标权重调整方案

绩效考核人员应根据当期绩效考核的实际需要，设计指标权重调整方案。指标权重调整方案应包括但不限于如图18-7所示的内容。

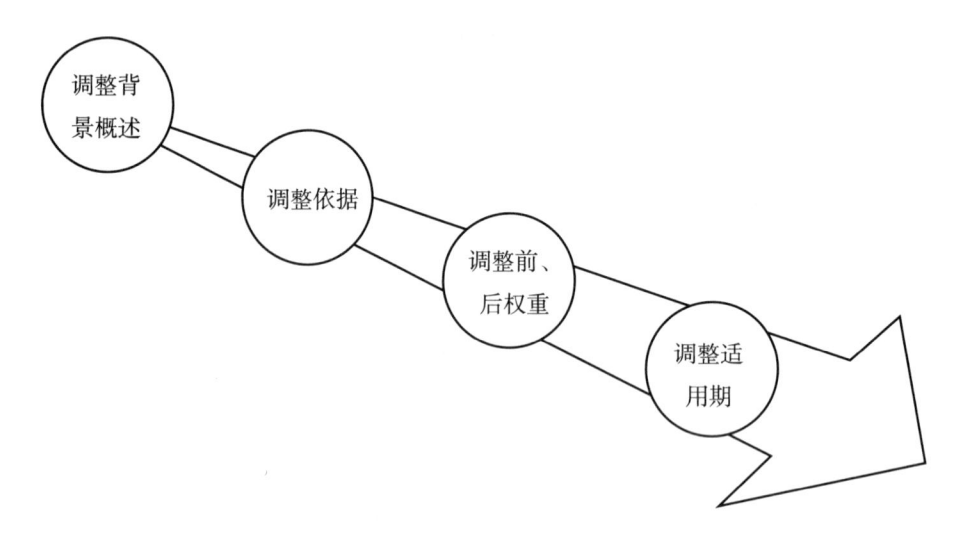

```
     调整背
     景概述
          调整依据
                调整前、
                后权重
                      调整适
                      用期
```

图18-7　指标权重调整方案内容示意图

18.3.2　审批与执行

在绩效考核人员提交指标权重调整申请表后，相关上级领导须对申请进行审批，并及时反馈审批意见，便于绩效考核人员进行相关工作的实施，具体说明如下。

1. 权重调整申请审批

在企业中，负责对指标权重调整申请进行审批的人员主要包括人力资源管理部总监、人力资源管理部经理及相关部门负责人等，其中人力资源管理部总监负责审批工作的推进。

在指标权重调整申请审批工作中，审批人员须对指标权重调整的必要性、合理性进行审查，具体审批程序如图18-8所示。

指标权重调整背景情况调查	指标权重调整申请讨论	统一审批意见
审批人员须对指标权重调整适用情形是否存在、调整需求是否属实等进行调查	审批人员须对指标权重调整申请中的权重调整值、调整时限等内容进行讨论	审批人员须根据讨论结果，统一最终的意见
1	**2**	**3**

图18-8　指标权重调整申请审批程序图

2. 指标权重调整实施

在指标权重调整申请审批通过后，绩效考核人员须根据指标权重调整方案开展指标权重调整实施工作，具体程序如图18-9所示。

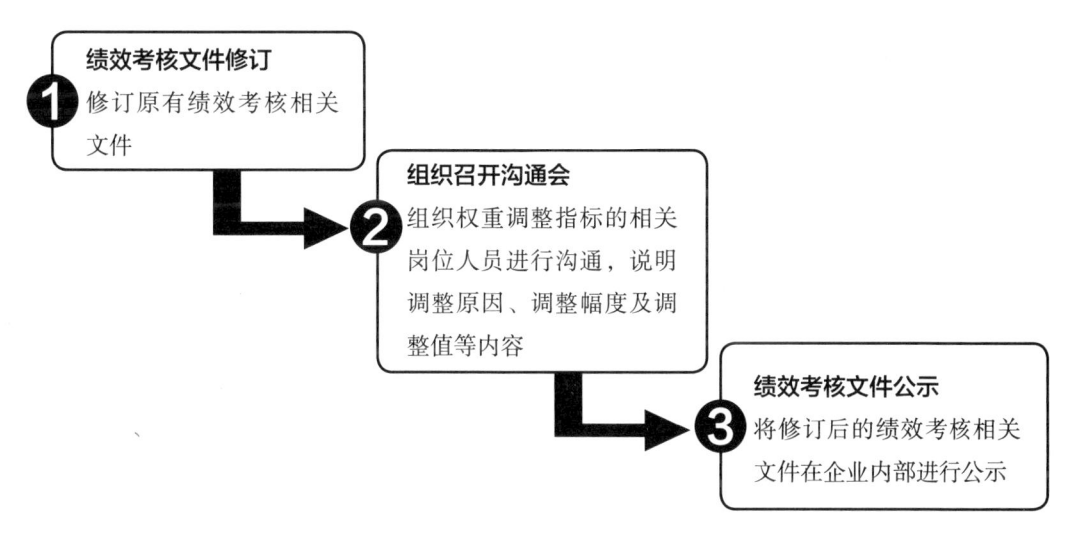

① 绩效考核文件修订
修订原有绩效考核相关文件

② 组织召开沟通会
组织权重调整指标的相关岗位人员进行沟通，说明调整原因、调整幅度及调整值等内容

③ 绩效考核文件公示
将修订后的绩效考核相关文件在企业内部进行公示

图18-9　指标权重调整实施程序

18.4　权重动态变化基本法

18.4.1　应避免的2种情况

绩效考核人员在进行指标权重调整时，应避免如图18-10所示的2种情况，确保指标权重调整时机准确、调整幅度合理。

18.4.2　应关注的2个关键点

绩效考核人员在进行指标权重调整的过程中，应关注如图18-11所示的2个关键点，从而保证指标权重调整工作的顺利开展。

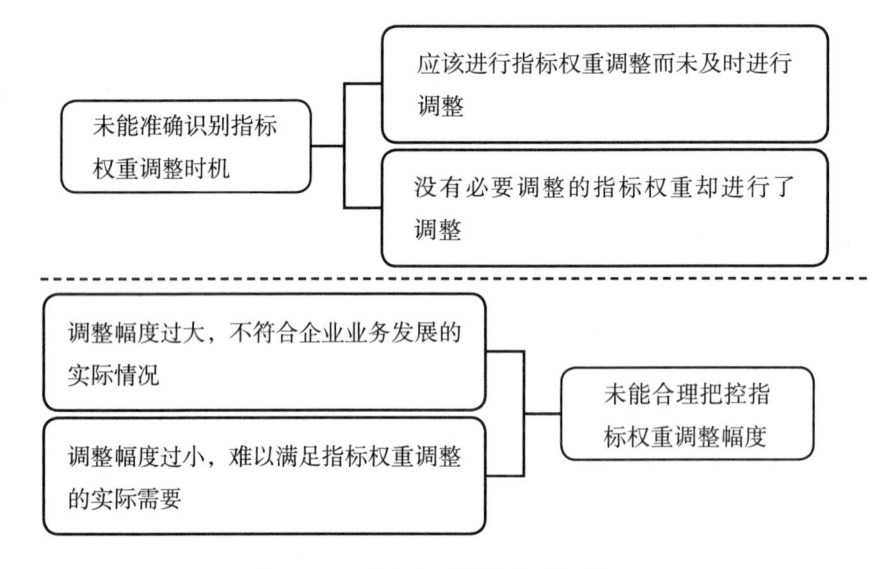

图18-10 指标权重调整应避免的情况

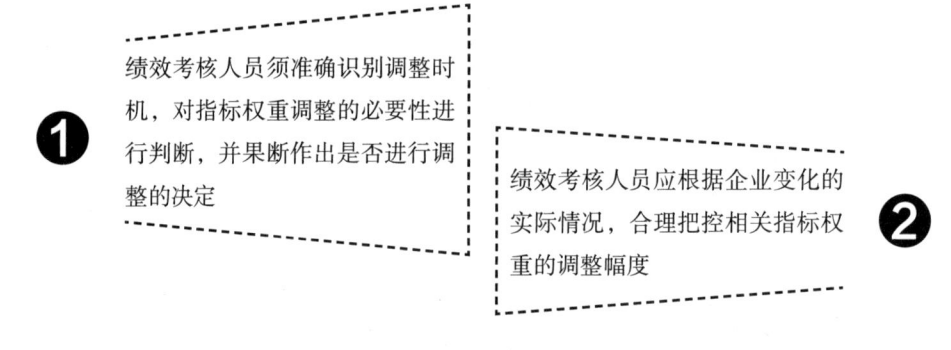

- 未能准确识别指标权重调整时机
  - 应该进行指标权重调整而未及时进行调整
  - 没有必要调整的指标权重却进行了调整
- 未能合理把控指标权重调整幅度
  - 调整幅度过大,不符合企业业务发展的实际情况
  - 调整幅度过小,难以满足指标权重调整的实际需要

图18-11 指标权重调整应关注的关键点

❶ 绩效考核人员须准确识别调整时机,对指标权重调整的必要性进行判断,并果断作出是否进行调整的决定

❷ 绩效考核人员应根据企业变化的实际情况,合理把控相关指标权重的调整幅度

—基本法—

第一条 当企业出现以下4种情形时,相关绩效考核指标的权重须根据实际情况进行调整。
1. 个人工作重点或岗位职责发生变化。
2. 部门人员调整。
3. 组织结构调整或部门职能发生增减。
4. 业务结构或业务领域发生改变。
第二条 绩效考核指标权重的调整幅度上限为10%。
第三条 绩效考核指标权重的变化幅度一般为5的整数倍,如有特殊情况,可采用其他数值,并说明理由。
第四条 指标权重调整须明确调整适用期。

第五条　指标权重若发生转移，应转移到岗位较关键的1~3个绩效考核指标上。

第六条　指标权重增加时，增加后的指标权重值一般不得高于最关键指标的权重值；指标权重减少时，减少后的指标权重值不得为0。

第七条　重复考核的指标的权重须根据各级岗位所承担的责任轻重程度进行调整。

第八条　权重可以在重点任务发生变化的时候调整。

第九条　权重可以在目标任务发生变化的时候调整。

第十条　权重可以在战略目标发生变化的时候调整。

指标权重设定原则

第19章

到底如何排位：
考核结果等级标准

乱象一：某洗衣机制造企业于年初推行绩效考核体系，但是在推行过程中遇到了极大的阻力。各部门经理对考核结果等级分布——强制分布意见颇大，尤其是企划部姚经理。在考核体系规划阶段，姚经理就向人力资源管理部提出，企划部只有3名员工，不适合进行强制分布。但是由于总经理下达了企业各部门必须推行绩效考核的命令，姚经理无奈只得按企业的规定实施部门员工绩效考核及确定员工绩效等级。不到半年，企划部的3名员工因为绩效等级的强制划分相继离职，姚经理也因此由统领精兵悍将的部门"统帅"变成了名副其实的"光杆司令"。

乱象二：N猎头公司为了更好地激励猎头顾问助理，更改了猎头顾问助理的绩效等级划分标准，并相应地调整了相关薪酬标准。公司的猎头顾问助理对调整后的等级划分标准及薪酬标准意见颇大，因为更改后的年度薪酬比率虽然提高了，但是各绩效考核等级的划分标准更为严苛，KPI目标值也更加难以实现，甚至不可能实现，所以高薪酬提高比率对员工的激励作用有限。员工在付出与原来相同的努力并取得同样的业绩时，由于标准的提高，其获得的收入却比原来少，所以对员工形成了很强的负激励。因此，在公司调整猎头顾问助理的绩效等级标准及薪酬标准后，公司猎头顾问助理的情绪低落，工作积极性不高，甚至出现大批猎头顾问助理离职的现象。

在员工绩效排位工作中，出现上述乱象的原因主要是企业绩效考核人员未根据企业的实际需要进行考核结果的等级设计，导致设计出的考核结果等级分布与企业实际情况不符，难以对员工绩效考核结果进行合理、准确排位。同时，企业在将考核结果应用到薪酬分配时，未对考核等级划分的合理性以及在薪酬分配中的适用性进行深入分析，导致应用效果不佳，难以对员工形成有效激励。

针对上述原因，企业绩效考核人员及相关人员在进行考核结果等级设计与应用时，须对企业业务特征及人员特征进行深入、全面的分析，确保绩效考核结果等级设计的合理性及绩效考核结果应用的适用性。

19.1 考核结果等级设计

19.1.1 绩效等级划分方法

绩效等级是根据企业绩效考核的实际需要，对员工绩效考核评估结果划分的层级。绩效等级的划分同绩效指标、绩效指标考核标准、绩效考核方式等相关。在一般情况下，员工绩效等级可分为3~5个等级。如级别较少，不能对员工绩效进行准确区分，难以对员工形成有效激励；如级别较多，则对绩效考核执行的要求较高，容易因绩效考核引发企业内部矛盾。

因此，绩效考核人员须科学划分绩效等级，对员工进行有效激励，并缓解绩效考核过程中的冲突、矛盾。在绩效考核中，常见的绩效等级划分方法主要有分值定级法、强制分布定级法和强制分布分值综合定级法等3种，具体说明如下。

1. 分值定级法

分值定级法是以绩效考核结果的分值为划分基准，确定考核结果等级的方法。分值定级法的实施要求企业具有完善的绩效考核体系，即企业绩效考核指标体系要科学、合理，绩效标准要准确、实用，绩效考核程序要公正、严格，否则难以对绩效考核结果进行有效区别，从而难以准确划分绩效等级。分值定级法的应用要求及应用示例如图19-1所示。

2. 强制分布定级法

强制分布定级法是将绩效考核结果从高到低排序，然后根据既定比例强制划分绩效等级的方法。强制分布定级法可有效减少因主观因素而产生的考核误差，能有效地避免绩效考核中常见的趋中效应。强制分布定级法的应用要求及应用示例如图19-2所示。

3. 强制分布分值综合定级法

强制分布分值综合定级法是将分值定级法与强制分布定级法进行综合运用，即通过分数范围对考核等级进行规定，并通过强制排序确定各级人员的比例。强制分布分值综合定级法综合了分值定级法和强制分布定级法的优点，其应用示例如图19-3所示。

要求一

除个别等级外，其他各个等级分值区间长度须相等

要求二

各等级划分分值区间的一端须取到端点值

示例

某洗衣机生产厂家的绩效等级分为优秀、良好、合格、待改进、不合格5个等级，其等级划分标准如下。

优秀：绩效考核得分≥90分
良好：80≤绩效考核得分＜90分
合格：70≤绩效考核得分＜80分
待改进：60≤绩效考核得分＜70分
不合格：绩效考核得分＜60分

图19-1　分值定级法应用要求及应用示例

要求1

强制分布定级法适用于考核人数较多时的绩效考核分级和职位相似或相同岗位的员工绩效考核分级；不适用不同部门或岗位员工间的绩效考核分级

要求2

强制分布定级法的实施须以科学、规范的绩效考核体系为依托，并要求绩效考核人员严格照章考核，以避免末级员工因感到不公平而产生消极情绪

示例

某手机生产厂家销售类岗位的绩效等级分为优秀、合格、不合格3个等级，其等级划分标准如下。

优秀：综合排名为前25%
合格：综合排名在前25%和后25%之间
不合格：综合排名为后25%

图19-2　强制分布定级法应用要求及应用示例

某公司是一家集产、销、研为一体的大型公司,其绩效等级划分为优秀、良好、合格、不合格4个等级。

优秀: 绩效考核得分≥90分
良好: 80≤绩效考核得分＜90分
合格: 60≤绩效考核得分＜80分
不合格: 绩效考核得分＜60分

同时,各部门中各等级的员工比例要求如下。
优秀: 比例为20%
良好: 比例为35%
合格: 比例为35%
不合格: 比例为10%

图19-3 强制分布分值综合定级法应用示例

19.1.2 绩效考核等级分布

绩效考核等级分布即各绩效等级人数的分布情况。在企业中,常见的绩效考核等级分布主要有直接分布和强制分布2种类型,具体说明如下。

1. 直接分布

直接分布是直接以被考核者的实际得分为依据而确定的各绩效等级的人数分布。直接分布由被考核者的实际得分与绩效等级的划分标准比对结果而来,即依次将被考核者的实际得分同绩效等级的划分标准进行比对,并确定其相应的等级,从而确定各等级的分布情况。直接分布常适用于如图19-4所示的情形。

情形一	企业绩效管理体系趋于完善,考核结果能够准确反映被考核者的真实绩效
情形二	被考核者的数量较少

图19-4 直接分布的适用情形示意图

2. 强制分布

强制分布即按照某种分布规律,将被考核者的绩效考核结果划分到相应的绩效等级,从而确定各绩效等级的人数分布。强制分布一般适用于被考核者人数较多或是企业绩效管理体系不完善，绩效考核结果趋中效应明显，难以对被考核者绩效进行有效区别等情形。

绩效考核人员须根据企业的实际情况设计考核结果分布区间。一般情况下，强制分布比例接近正态分布，具体示例如图19-5所示。

某家电制造厂人员绩效考核分布比例如下。

优秀： 占总数的5%
良好： 占总数的20%
合格： 占总数的50%
待改进： 占总数的20%
不合格： 占总数的5%

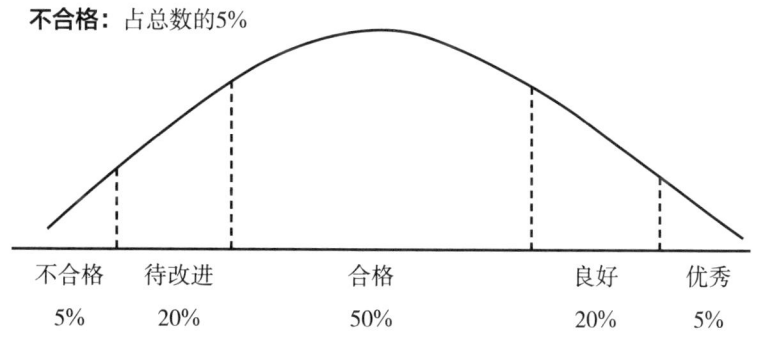

不合格	待改进	合格	良好	优秀
5%	20%	50%	20%	5%

图19-5 强制分布示例

19.2 考核结果等级应用

19.2.1 薪酬应用

绩效考核结果可应用在企业员工薪酬分配上，主要体现在工资分配和奖金分配2个方面，具体说明如图19-6所示。

```
① 工资分配    绩效考核结果在工资分配中的应用主要体现在两个方面：一是年度
            工资额的调整，如员工年度考核结果为"不合格"，本年度扣减年
            度工资的8%；二是工资的定期调整，如员工年度考核结果为"优
            秀"，则在下一年度将其工资等级提高一级

② 奖金分配    绩效考核结果在奖金分配中的应用主要体现在奖金数额与工作超额
            完成情况挂钩，如销售员年度销售额超目标销售额20%，年度奖金
            为10 000元；销售员年度销售额超目标销售额10%，年度奖金为5
            000元
```

图19-6　薪酬应用说明

企业应用绩效考核结果进行薪酬分配时，须注意如图19-7所示的注意事项，确保绩效考核结果在薪酬管理方面的有效应用。

事项一	事项二	事项三	事项四
企业须具备完善的管理制度，用于明确薪酬与绩效考核结果的对应关系	企业须及时兑现做出的绩效与薪酬的相关承诺	薪酬管理人员应根据被考核者的职务及工资结构，确定绩效考核结果在薪酬分配中的应用情况	薪酬管理人员须严格按照绩效考核结果公平、公正地分配工资及奖金

图19-7　薪酬应用注意事项

19.2.2　晋升评优

绩效考核结果可用于岗位晋升或员工评优工作，即以绩效考核结果为岗位晋升或员工评优的依据，确定晋升人员、晋升等级或评优备选人员、评优级别等。

1. 员工晋升应用

绩效考核结果在员工晋升中的应用主要表现在企业将员工连续的考核结果作为其职务晋升或企业管理人员选拔的重要依据，具体说明如图19-8所示。

◇ 可晋升：员工绩效考核结果连续多次符合任职资格标准，且呈上升趋势
◇ 暂不晋升：员工绩效考核结果不稳定
◇ 不可晋升：员工绩效考核结果呈下降趋势或多次在任职资格标准以下

某医疗器械销售公司拟从张某、刘某、赵某和秦某4名高级销售代表中选择1人作为销售主管，现对此4人上年度的工作绩效进行考核，并根据考核结果绘制员工工作绩效对比图。

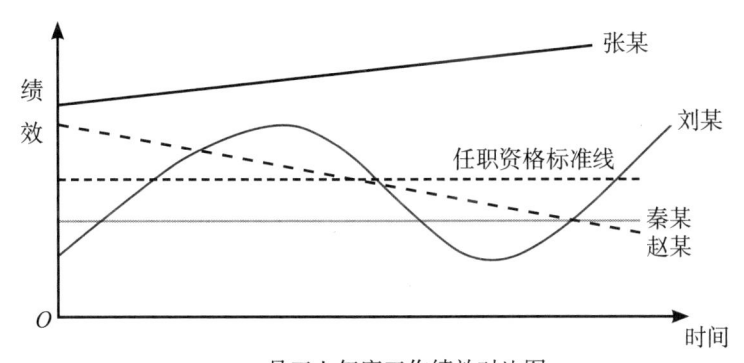

员工上年度工作绩效对比图

公司人力资源管理部协同销售经理结合员工工作绩效对比图，进行如下分析。

① 张某的工作绩效一直在任职资格标准线以上，且呈上升趋势，说明张某有很强的工作能力及潜力，因此，张某可作为晋升候选人。

② 刘某的工作绩效不稳定，需分析原因，暂不宜晋升。

③ 赵某的工作绩效呈下降趋势，需分析原因，督促其改正，故不宜晋升。

④ 秦某的工作绩效在任职资格标准线以下，故不宜晋升。

综上分析，张某是晋升的最佳人选，故公司决定将销售代表张某晋升为销售主管。

图19-8 员工晋升应用示例

2. 员工评优应用

绩效考核结果在员工评优工作中的应用主要是评优候选人与评选级别的确定，具体说明如图19-9所示。

人力资源管理部须以员工规定考核期内的绩效考核结果为依据，并结合评优资格标准，确定评优候选人

确定评选级别

确定评优候选人

人力资源管理部应根据员工的绩效考核结果，并结合各等级评定标准，确定候选人的评选级别

图19-9 员工评优应用

19.2.3 培训管理

绩效考核为企业评价员工个人的优缺点及提高员工工作绩效提供了一个反馈渠道，即通过分析绩效考核结果，企业可以发现员工个体或群体与企业需求的差距，从而及时地组织相关的培训活动。

绩效考核结果在培训中的应用主要体现在2个方面，即确定培训内容和衡量培训结果，具体说明如图19-10所示。

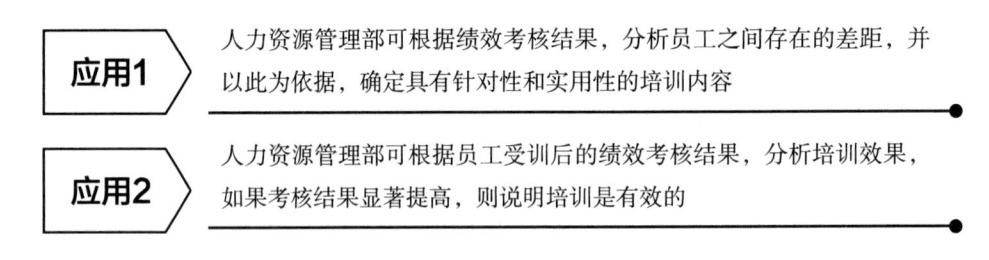

应用1　人力资源管理部可根据绩效考核结果，分析员工之间存在的差距，并以此为依据，确定具有针对性和实用性的培训内容

应用2　人力资源管理部可根据员工受训后的绩效考核结果，分析培训效果，如果考核结果显著提高，则说明培训是有效的

图19-10 培训管理应用

19.2.4 处罚淘汰

绩效考核结果在员工处罚淘汰中的应用主要表现在企业将绩效考核结果作为处罚或淘汰员工的依据，即当员工工作绩效不符合企业既定的标准要求时，人力资源管理部或相关业务部门须根据企业既定的管理规定，对相应员工作出处罚或淘汰的决定。

第 19 章　到底如何排位：考核结果等级标准

企业在将绩效考核结果应用于员工处罚或淘汰时，须注意如图19-11所示的关键事项，确保绩效考核结果的高效、合法应用。

公示认可：企业须完善相关管理制度或办法，明确规定绩效考核与员工处罚或淘汰的关联性，并公示，让员工清楚、了解并认可相关规定

科学客观：企业须具备科学的绩效考核体系，并且绩效考核人员应严格按照既定的考核要求进行考核，确保绩效考核结果客观、真实，从而为处罚或淘汰员工提供客观的依据

合法实用：企业制定的员工处罚或淘汰的绩效标准须符合国家相关法律法规的规定，同时还须同企业业务发展的实际情况相契合，确保绩效考核结果应用的合法性与实用性

图19-11　处罚或淘汰应用

19.3　员工绩效排位基本法

19.3.1　应关注的2个关键点

绩效考核人员进行员工绩效排位及排位结果应用时，应关注如图19-12所示的关键点，确保排位准确、应用科学。

①　绩效考核结果等级设计须据实选择
绩效考核人员须根据企业业务及员工工作的实际情况，并结合企业绩效考核的实际需要，划分绩效考核结果等级，确定绩效考核等级分布

②　绩效考核结果等级应用须有章可循
企业在将绩效考核结果等级应用到人力资源管理的各个方面时，须制定完善、科学的规章制度或管理办法，对相关要求进行明确。同时，规范绩效考核程序，增强绩效考核结果等级应用的专业性与规范性，从而提高员工的认可度

图19-12　员工绩效排位关键点

19.3.2 应防范的2个风险点

绩效考核人员进行员工绩效排位及排位结果应用时，应注意防范如图19-13所示的风险点，确保绩效排位与排位结果应用的合理性与合法性。

设计风险	应用风险
◎ 照搬外部绩效排位方法，未根据企业自身情况进行绩效排位，导致绩效排位方法不实用 ◎ 未熟练掌握绩效排位方法，导致绩效排位结果不合理	◎ 事先未对绩效排位结果与薪酬、晋升评优、培训、处罚淘汰等内容的关联性进行明确，就将排位结果应用到相关工作中，导致排位结果应用缺乏连贯性与专业性 ◎ 绩效排位结果的应用与国家相关法律法规相悖，导致企业将排位结果应用到人力资源管理工作，特别是对员工的处罚或淘汰工作时出现违法行为

图19-13　员工绩效排位风险点

—基本法—

第一条　绩效考核结果等级设计须以如下内容为出发点。
1. 企业业务情况，包括业务种类、业务特征、业务发展阶段等。
2. 企业员工情况，包括员工数量、员工结构等。
第二条　绩效考核结果等级划分数量不宜过多或过少，一般以3~5个等级为宜。
第三条　各绩效考核结果等级划分的分值区间（除个别等级外）长度须相等。
第四条　各绩效考核结果等级划分的分值区间须取到端点值。
第五条　绩效考核结果等级应用须以国家相关法律法规的规定为基准。
第六条　企业须对绩效考核结果等级应用进行规划，明确应用条件、应用步骤、应用要求等内容，形成科学、完善、稳定的绩效考核结果等级应用体系。

生产部经理年度
绩效考核结果
应用方案

第20章

谁对考核结果负责：
考核评审标准

某企业采用季度绩效考核制，即每季度由人力资源管理部对各部门、各岗位的目标完成情况进行考核，一般先由员工自评，再由上级领导评价，然后由人力资源管理部核对后出具最后的考核结果，并将考核结果用绩效奖金的形式体现出来。该企业的整个绩效考核评审流程沿用多年，各部门管理层和各岗位员工都按照这个程序进行考核评审。

上述企业的整个考核评审流程为现在大多数企业所采用，从表面上看，没有什么操作错误和遗漏，实际上却存在重要环节的缺失。一般来说，一个企业的绩效成果事关企业的战略发展方向，而绩效考核中的考核评审环节更是重中之重。所以在整个绩效考核的工作中，除了人力资源管理部负责绩效管理工作，还需要企业高层管理人员的关注和审核、审批，从而保证绩效考核评审与企业战略发展不脱节。也就是说，绩效考核评审需要一系列评审标准的指导，以确保绩效考核能够真正发挥应有的作用，与企业的战略发展紧密联系在一起。

考核评审主要通过个人自评、上级评价、战略管理部审核和战略委员会评价等4个流程实现。

20.1　个人自评要求

20.1.1　自评标准

每个考核周期的最后，员工根据月度/季度/年度计划目标，结合实际完成情况，进行客观、公正的自评。

员工自评应该按照一定的评价标准进行，自评的标准主要有自评的依据、自评的维度和自评的内容3个方面。

1. 自评的依据

员工自评时，主要有以下2种依据。

（1）定量指标。员工根据自己的实际工作完成情况核算定量指标时，应该按照定量指标的得分标准，算出定量指标的最后得分。应注意定量指标得分标准中的具体细则，若有疑问可以询问部门经理或者企业的绩效管理人员。

（2）定性指标。员工自评本岗位的定性指标时，需要依据定性指标的评分标准。当然，定性指标评价一般会掺杂部分主观因素，这是不可避免的。

2. 自评的维度

员工进行自我评价时，主要从以下2个维度考核、评价自己。

（1）时间维度的考核，主要是指员工是否在规定的时间进度中执行任务，并且是否在最后的规定期限内完成工作。时间维度的考核以时间为单位，如天数、小时数等。

（2）质量维度的考核，主要是指完成的工作成果是否达到质量要求。质量维度的考核大多以出错数量、通过率、满意度等指标来体现。

3. 自评的内容

一般情况下，自评的内容主要包括2大部分，即述职总结和各项工作指标的完成情况。

（1）述职总结主要是员工对考核周期内的工作表现进行的概括和汇报，具体述职总结可以参考表20-1。

表20-1 述职总结表

姓名：	职务：	所在部门：	考评日期：
1. 在考核周期内，你的工作取得了哪些成绩？你特别满意的成就是什么？你表现了哪些方面的实力？ 2. 你改进了工作的哪些方面，从而提高了绩效？ 3. 在考核周期内，你的职责有何变化？你预计在将来有何变化？你认为自己工作的哪些方面需要得到进一步的指导或培训？ 4. 在考核周期内，你在工作中遇到了哪些问题或困难？是怎样克服的？完成你的工作目标是否存在障碍？ 5. 其他			

（2）各项工作指标的完成情况。员工根据"绩效考核实施指南"，核算自己工作绩效指标的完成情况，并算出最后得分。

20.1.2　原因分析及改进措施

在自评阶段，当员工本人的月度/季度/年度目标未达成时，应对目标未达成的原因进行细致的分析，并制定相应的改进措施，并将未达标的目标纳入下月度/季度/年度工作计划，具体过程如图20-1所示。

```
原因分析  →  ◎ 主观原因：主要是员工个人的原因，如工作量大，难以平衡，或者应对
              变化的能力薄弱等
              ◎ 客观原因：主要从市场、行业发展、企业发展和部门业务部署4个角度
              陈述

改进措施  →  通过对原因的分析，员工应该适时提出一些改进措施。改进措施主要分为2
              个层面。
              ◎ 个人层面：从个人出发，将分析得出的原因，转化成改进措施，避免下
              次犯错
              ◎ 企业层面：根据分析的原因，对企业的运作流程、制度等提出自己的意
              见和建议

经验总结  →  将针对未达成目标总结出来的原因分析，以及提出的改进措施归纳起来，
              形成经验，供日后参考
```

图20-1　原因分析与改进措施

20.2　上级评价下级标准

20.2.1　计划评价标准

计划一般包含工作目标和具体措施。评价工作计划的完成情况时，需要对工作目标和具体措施的完成情况进行综合评价。

1. 工作目标的评价

工作目标主要包含量化指标和非量化指标及项目成果。对工作目标的评价主要包含以下两个部分。

（1）目标设定的合理性。它主要是指目标及目标值是否能支撑考核周期内的经营目标或上级目标；可量化目标是否具有可操作性，不可量化目标的文字描述是否便于

执行和评估。

（2）目标的执行结果。它根据目标值的最后完成情况进行评价，或者针对目标的交付成果进行核对、评价。

2. 具体措施的评价

具体措施一般包含5W1H核心要素，即时间、关键行动、交付成果。对其评价主要包含以下两个方面。

（1）措施制定的合理性。它主要评价制定的措施能否满足业务及专业管理的需要，能否支撑企业战略或上级部门的业绩达成，是否可以衡量、评价等。

（2）措施的完成情况。它是根据措施的核心要素，依次进行评价。从时间、采取的行动以及最后的交付成果等，逐一核对，并给出评价结果。

20.2.2 总结评价标准

上级评价下级的月度/季度/年度总结时，应对照每项考核指标逐项审核，最后出具考核得分。针对总结的具体评价标准如图20-2所示。

- 是否按照计划分解措施，逐一开展工作，并客观地进行总结
- 各项工作的完成情况是否符合企业或部门要求
- 评价下级的自评是否客观、公正，并根据下级的绩效表现出具考核的最后得分
- 当上级的考核得分与下级自评得分不一致时，需要说明原因
- 在考核结果的基础上，上级如果另行加分或减分，需要说明具体的理由

图20-2 总结的具体评价标准

20.3 战略管理部审核标准

20.3.1 年度计划审核标准

战略管理部针对年度计划的审核主要从企业的战略性发展出发，对年度、季度的目标值和措施进行审核。

1. 审核年度计划与企业战略发展的一致性

战略管理部将年度计划中的指标、项目与平衡计分卡进行比照分析，分析年度计划与平衡计分卡是否保持战略的一致性，年度计划是否存在遗漏项目。

2. 审核年度及季度计划目标值的准确性

审核年度、季度计划目标值时，主要审核以下4个方面。

（1）年度、季度计划目标值与审批确定的预算及季度分解比例是否保持一致。

（2）年度、季度计划目标值与企业业绩合同目标及高层管理人员的要求是否保持一致。

（3）年度、季度计划的目标值不得低于行业标准/水平或历史同期。

（4）年度、季度计划的目标描述是否清晰、简练以及交付成果是否明确。

3. 审核年度及季度计划中措施的完整性

战略管理部审核年度及季度计划中的措施时，主要审核以下3个方面。

（1）措施内容是否包含时间、执行主体、关键行动、实现路径、最终成果、难点与问题。

（2）措施的描述是否具体、明确、可衡量，有无笼统、不具体、无结果的表述。

（3）措施是否采用统一的格式填写，并且数量不低于3条。

20.3.2 月度计划审核标准

战略管理部针对月度计划的审核标准主要分为以下3个方面。

1. 审核月度计划是否与审批后的年度绩效考核模板保持一致

具体审核月度计划中的指标、项目、权重、评分细则与审批的年度绩效考核模板是否保持一致、有无错漏项等。

2．审核月度计划目标值的制定是否达标

审核月度计划中的目标值时，主要审核以下3方面。

（1）月度计划中的目标值与审批确定的预算分解比例或年度计划是否保持一致。

（2）月度计划中的目标值与企业会议要求及高层管理人员的要求是否保持一致。

（3）月度计划中的目标描述是否清晰、简练以及交付成果是否明确。

3．审核月度计划中措施的描述是否规范

审核月度计划中的措施时，主要从以下3个方面着手。

（1）措施描述是否是动词+宾语的句式。

（2）措施的描述是否包含了主语的行为和结果。

（3）措施是否采用统一的格式填写，并且数量不低于2条。

20.3.3　月度总结审核标准

战略管理部审核月度总结时，可以参考以下标准。

1．审核月度总结中目标达成情况的真实性和准确性

（1）量化指标与第三方部门提供的数据是否一致。

（2）非量化指标应由责任部门提供证明性材料，并由第三方部门出具评价意见，核对其真实性和准确性。

2．严格对照已审批的考核细则逐一审核、评价，并出具审核得分

（1）总结的格式是否符合标准。

（2）总结出来的数据是否真实、有效等。

（3）总结的实施者和考核者是否按照考核的标准去执行。

20.4 考核评审结果标准

20.4.1 战略委员会评价标准

战略委员会在战略管理部出具审核结果的基础上，根据掌握的相关信息、管理经验，综合考虑被考核者的工作能力、工作态度、质量意识、成本节约意识和重要事件等，确定被考核者最终考核得分。

1. 评价依据

战略委员会对被考核者评价的依据主要有以下2个方面。

（1）信息数据。战略委员会所掌握的信息数据主要是从整个企业的角度出发，统筹企业全部的信息和数据。在这样的信息支撑下，战略委员会对被考核者的评价会更宏观、客观。

（2）管理经验。战略委员会的各个成员自身具有专业的战略管理能力和经验，他们基于自身的管理经验，从企业整体的战略重点出发，评价被考核者。

2. 评价内容

战略委员会主要从如图20-3所示的5个方面评价被考核者。

20.4.2 考核结果活力曲线

考核结果活力曲线指的是用正态分布图将绩效的考核结果体现出来，从而激励企业人力资源管理的良性发展。

1. 何谓"活力曲线"

企业在应用绩效考核结果时，可以将所有员工的绩效表现分为A、B、C 3个不同等级。其中最杰出的A类员工是在该企业中绩效排位的前20%，B类员工是中间的70%，C类员工是最后的10%。作为企业的领导者必须随时掌握A类员工和C类员工的情况，以便实施及时、准确的奖惩措施，从而带动B类员工进一步改进绩效。"活力曲线"如图20-4所示。

工作能力	是否具有本职岗位所要求的工作能力，以及在实际工作中体现出来的能力水平
工作态度	工作中表现出来的积极性和敬业程度
质量意识	在工作中对质量的把控程度
成本意识	在工作中是否将成本节约意识放在主要位置
重要事件	对一些重要事件的应对处理是否符合企业或行业的标准

图20-3　战略委员会评价的内容

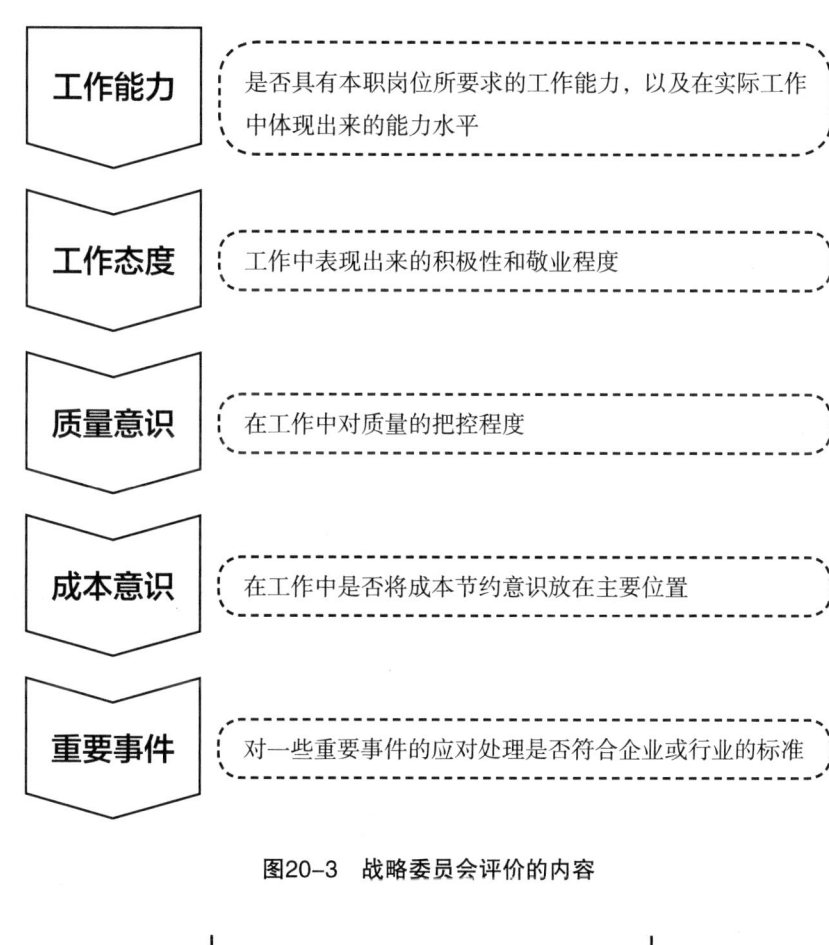

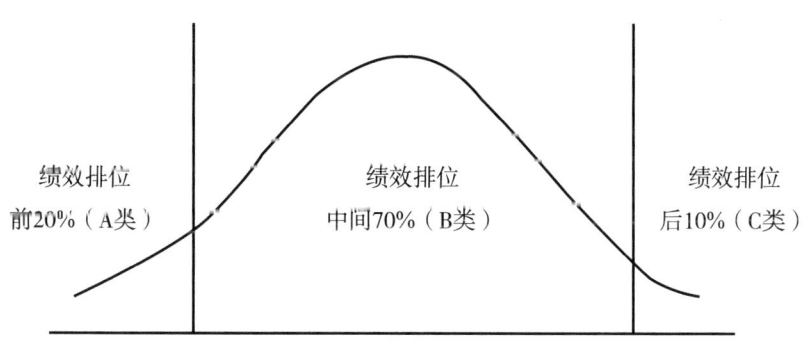

图20-4　活力曲线示意图

绩效排位前20%（A类）　　绩效排位中间70%（B类）　　绩效排位后10%（C类）

2. 活力曲线的应用

活力曲线在绩效考核中是一种常用工具，企业可以根据实际情况调整变化（如前10%、中间75%、后15%），并将其作为绩效考核结果应用的标准或参照，从而制定绩效激励措施。

根据活力曲线，企业对这3类员工的待遇是有区别的。例如，在薪酬提高、职务晋升和股票期权等方面，A类员工得到的奖励最多，B类员工也会得到部分奖励，而C类员工不会得到任何奖励，可能还会受到一些惩罚，甚至被淘汰。

这种激励机制很好地激发了A类和B类员工的工作热情，同时对绩效排位靠后的C类员工起到警诫的作用。

3. 应用活力曲线的注意问题

当然，活力曲线不是尽善尽美的，也存在一些问题。针对这些问题，企业可以根据自身特点，灵活应对处理。

（1）团队合力出现问题。一般情况下，根据绩效考核结果划分出来的A、B、C 3类等级，往往相邻等级之间只有一个小数点的差距。久而久之，一些员工会出现出工不出力的状况，或者A类员工由于遭到排挤而产生消极情绪。针对此类问题，企业可以扩大绩效考核的各项指标的分值，保证能够明确区分出考核结果的等级。同时，在日常工作中多宣传企业对绩效考核结果的奖惩机制，对于B类和C类员工，应多进行沟通与指导，加强对他们的重视。

（2）公平性问题。某些部门内部员工整体的绩效考核得分都很高，即使是在该部门内部处于C类等级，但在其他部门还能达到A类等级，这在一定程度上打击了这些优秀部门的员工。为此，企业应该设定特殊机制，鼓励部门整体绩效的提升。例如，企业可以规定部门整体和部门内员工的绩效达到某个目标值时，享有特殊的评价考核和激励办法。

（3）对末位员工的淘汰处理问题。这个问题比较棘手。通过活力曲线将末位的员工淘汰之后，一般企业还需要花费一定的成本进行招聘、试用和培训，才能补充缺失的人力。其实针对末位员工的处理，除了淘汰，还有其他的应对方法，如培训、转岗等。企业应根据该员工的具体工作表现，结合绩效考核结果，再作出最后的处理决定。例如，对于那些对工作疑惑较多、思路不清晰的员工，可以采取培训、专人指导等方式进行跟踪指导。

20.4.3 考核结果异议处理

被考核者如果对考核结果有异议，须按照企业考核结果异议处理流程和对应的管理办法来进行处理。

1. 异议处理流程

被考核者对考核结果有异议，企业一般通过如图20-5所示的流程处理。

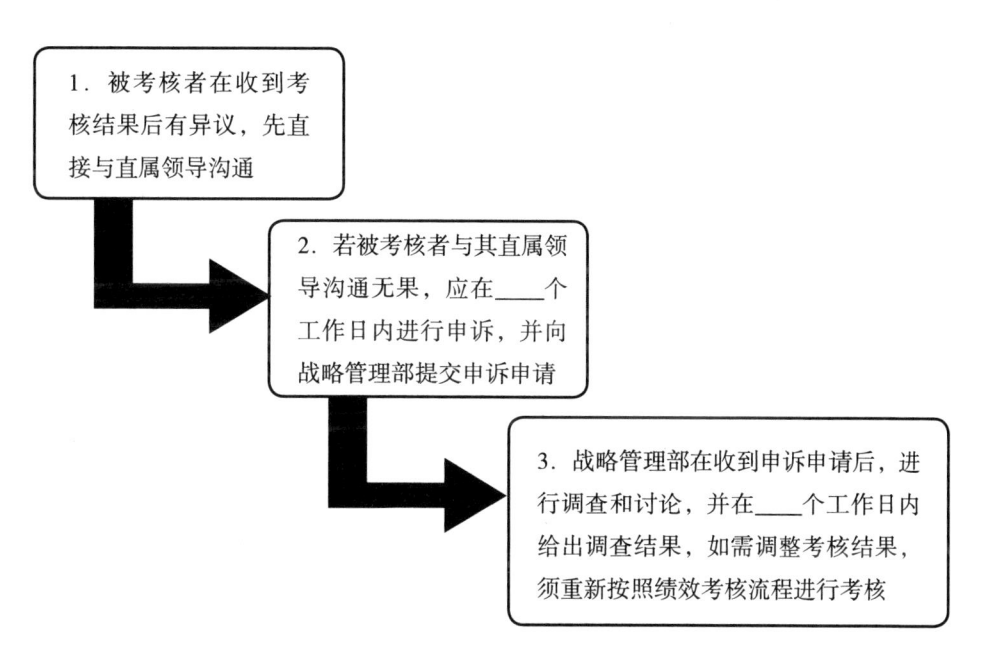

1. 被考核者在收到考核结果后有异议，先直接与直属领导沟通

2. 若被考核者与其直属领导沟通无果，应在____个工作日内进行申诉，并向战略管理部提交申诉申请

3. 战略管理部在收到申诉申请后，进行调查和讨论，并在____个工作日内给出调查结果，如需调整考核结果，须重新按照绩效考核流程进行考核

图20-5　异议处理流程

2. 异议处理相关表单

被考核者在申诉时，应该提交如表20-2所示的"绩效考核结果申诉表"。

表20-2　绩效考核结果申诉表

申诉人		所在部门		岗位	
申诉事项					
申诉理由	问题简要描述： （要求：1.申诉理由确凿；2.依据客观充分；3.描述简洁、明确） 日期：____年____月____日				
受理部门			受理日期		
协调与调查情况	调查情况： （示例1：调查结果与原考核结果相符；示例2：调查情况确与原考核结果不一致，差别主要是……相关数据有……证据资料是……）				

续表

受理部门			受理日期	
协调与调查情况	协调结果或建议解决方案： （示例1：已经与申诉人沟通，双方确认调查结果，已无异议。示例2：已经与申诉人说明调查结果，沟通相关数据、资料，提出_____个解决方案：①……②……申诉人表示可以接受其中的_____方案） 协调/调查人：_____ 日期：_____年_____月_____日			
上级领导意见	签字：_____ 日期：_____年_____月_____日			
战略委员会裁决意见	签字：_____ 日期：_____年_____月_____日			
裁决结果反馈情况			申诉人签字：_____ 日期：_____年_____月_____日	

20.5 考核评审基本法

20.5.1 应注意的3个问题

（1）各级管理人员应该重视员工个人自评时的原因分析和改进措施，将一些值得借鉴的经验总结和意见、建议及时反馈到企业高层或相关部门。

（2）活力曲线在企业的适用性，应具体问题具体分析，建议进行充分的分析、评估之后再使用，不可以"拿来即用"。

（3）最后的考核结果应与企业的激励机制挂钩，避免流于形式。

20.5.2　应关注的4个关键点

（1）规范整个考核评审的标准和流程，并且具体细化到某个时间点或者时间期限。

（2）当员工自评结果与上级考核结果有数值方面的差异时，应及时联络数据提供部门，仔细核对数据的准确性。

（3）鉴于每个企业的规模不同，如果没有战略管理部或战略委员会，可以由企业高层和各部门管理人员召开定期会议，对绩效考核工作实施评审。

（4）整个绩效考核评审结束后，要做好相关资料的归档、管理工作。

—基本法—

> 第一条　考核评审一般需要经过个人自评、上级评价、战略管理部审核和战略委员会评价4个流程。
> 第二条　考核评审主要是针对各部门、各岗位的工作计划和工作总结进行的评价和审核。
> 第三条　战略委员会对考核结果进行评价，并将考核结果予以应用。
> 第四条　考核评审可以进行加减分项的设置。
> 第五条　考核评审必须允许进行考核申诉。
> 第六条　考核评审后的结果必须予以公示。
> 第七条　考核结果的应用必须写进企业的制度。
> 第八条　必须就考核结果与被考核者进行面谈，对其绩效进行改进。

采购目标考核
评价标准

第 21 章

考核差值如何处理：
自评与审核差值标准

某企业通过360度考核法来实施各部门、各岗位的绩效考核工作。但每次考核后，人力资源管理部在统计绩效考核结果时都十分头疼，因为员工自评、上级评价、同级评价、客户评价的分值相差太多，总有部门或员工对考核结果有抱怨和投诉，认为考核结果无法真正体现出其实际绩效。

该企业的人力资源管理部总监组织相关员工开会分析，发现有的考核结果确实差值太大，明显有问题。究其原因，主要是指标考核细则和评分标准设计出现漏洞，或者绩效考核指导监督不够，导致评价不一，考核结果失真。

上述企业绩效考核所面临的，就是如何处理考核差值的问题。因此，完善的绩效考核体系也应对员工个人自评与审核的差值制定相应的处理标准。

>>>

21.1 考核自评失真

21.1.1 考核自评失真的产生原因

虽然自评标准中规定员工应根据月度/季度/年度计划目标，并结合实际完成情况，进行客观、公正的自评，但是在具体实施过程中，有时还是不可避免地会出现自评失真，对绩效考核工作的推进造成阻碍。因此，企业人力资源管理部需要根据绩效考核实施的实际情况分析自评失真的原因，最大程度地避免出现大范围、经常性的自评失真的问题。通常来说，绩效考核自评失真主要有以下两方面的原因。

1. 主观原因

员工在自评绩效时可能有私心，为了使自己的绩效更好，按照考核细则和评分标准评分时容易就高不就低。在合理范围内，只要符合考核细则和评分标准，这种误差就可以通过上级评价、考核审核等程序予以纠正。但如果为了提高绩效考核成绩故意夸大绩效或造假考核数据，则是严重的考核自评失真问题，企业必须对此严加防范，并采取惩罚措施。

2. 客观原因

造成考核自评失真的客观原因可能有很多，比如绩效考核细则、评分标准不明确；绩效信息数据不全或来源失真；绩效考核自评标准、程序不熟悉等。这需要企业人力资源管理部设计和完善绩效考核体系，制定规范的流程、制度及标准，并予以必要的、正确的绩效考核指导，为绩效考核实施创造良好的条件。

21.1.2 避免考核自评失真的方法

为了避免绩效考核自评失真，企业人力资源管理部可以采用如图21-1所示的方法，全面把控绩效考核的实施。

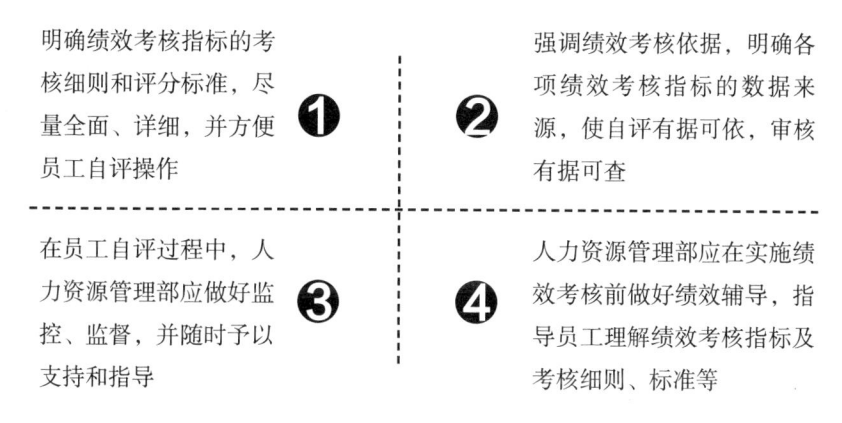

明确绩效考核指标的考核细则和评分标准，尽量全面、详细，并方便员工自评操作 ❶	强调绩效考核依据，明确各项绩效考核指标的数据来源，使自评有据可依，审核有据可查 ❷
在员工自评过程中，人力资源管理部应做好监控、监督，并随时予以支持和指导 ❸	人力资源管理部应在实施绩效考核前做好绩效辅导，指导员工理解绩效考核指标及考核细则、标准等 ❹

图21-1 避免考核自评失真的方法

21.2 考核审核标准

21.2.1 考核审核要求

企业人力资源管理部或战略委员会负有考核审核的责任。考核审核就是针对员工自评、上级考核下级的绩效考核结果进行审核，从而保障绩效考核的公平、公正和客观、有效。具体来说，企业绩效考核的审核应符合以下要求。

（1）无论任何层级的绩效考核，都必须要有审核环节，一般由跨层级、跨部门或岗位实施审核，如隔层上级、人力资源管理部、战略委员会等。

（2）绩效考核相关制度或流程中应明确考核审核程序，实施考核审核的部门或岗位应遵守考核审核程序。

（3）企业应明确绩效考核审核的具体标准，如审核时间、审核依据、审核处理方式等，实施考核审核的部门或岗位应按照审核标准一一审核。

一般来说，考核审核流程应在绩效考核实施后立刻进行，以便及时得出绩效考核结果。审核依据主要为绩效考核细则、考核数据信息、绩效考核相关流程等；审核内容主要是绩效考核实施过程是否规范，考核依据是否充分、无误，考核评分是否客观、合理等。

21.2.2　考核审核未过处理

绩效考核审核如果通过，应立即确认并公布绩效考核结果，继续绩效管理流程；如果未通过，则主要有3种处理方式，具体如图21-2所示。

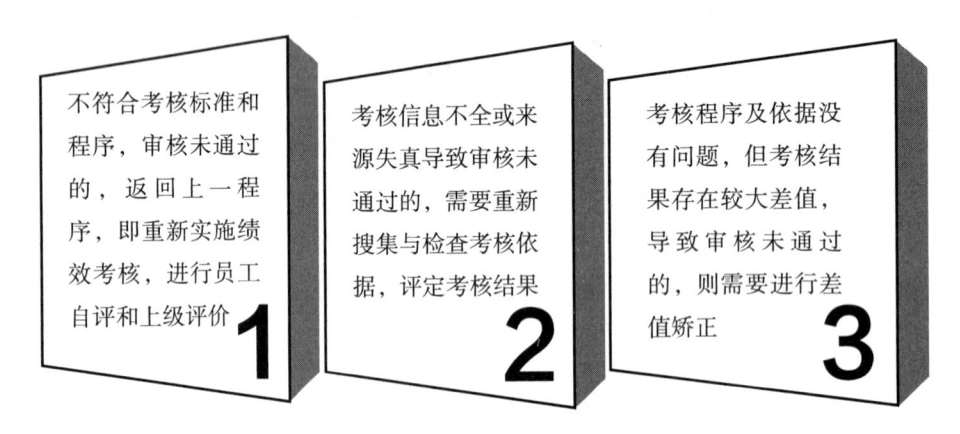

1. 不符合考核标准和程序，审核未通过的，返回上一程序，即重新实施绩效考核，进行员工自评和上级评价

2. 考核信息不全或来源失真导致审核未通过的，需要重新搜集与检查考核依据，评定考核结果

3. 考核程序及依据没有问题，但考核结果存在较大差值，导致审核未通过的，则需要进行差值矫正

图21-2　绩效考核审核未通过的处理方式

21.3　差值矫正标准

21.3.1　差值矫正依据

针对员工绩效考核自评与上级评价的绩效考核出现的结果差值，企业人力资源管理部或战略委员会要进行审查，并对超出合理范围的较大差值进行矫正。矫正绩效考核差值通常应审核如图21-3所示的依据。

21.3.2　差值矫正程序

那么，企业人力资源管理部或战略委员会如何矫正绩效考核结果出现的差值呢？一般来说，绩效考核结果差值的矫正程序如图21-4所示。

考核细则及评分标准　　　考核评审标准

- 审核员工自评是否按照考核细则及评分标准评价
- 审核上级、战略管理部的评价是否按照程序及考核评审标准进行
- 重新审查考核数据来源，审核考核依据是否充足、客观、正确
- 注重与考核者及被考核者进行的沟通反馈，审查双方实际工作情况

考核数据来源　　　实际情况反馈

图21-3　绩效考核差值矫正依据

① 发现差值
人力资源管理部对员工绩效考核自评、上级评价及审核等进行审查，一般评分相差一个考核等级属于差值过大，必须进行矫正

② 分析原因
分析绩效考核评审产生差值的原因，并与被考核者及考核者进行沟通

③ 寻找依据
再次核查绩效考核信息数据及来源，确认差值矫正的依据

④ 矫正结果
人力资源管理部根据绩效考核细则标准，矫正绩效考核结果，并与被考核者及考核者进行沟通、确认

⑤ 审批公布
人力资源管理部将矫正后的绩效考核结果按制度进行审批，并在审批通过后予以公布

图21-4　绩效考核结果差值矫正程序

21.4 考核差值处理基本法

21.4.1 应注意的4个维度

企业在实施绩效考核的过程中，应注意以下4个维度，以便更好地控制员工绩效考核自评与上级评价、战略委员会审核产生的差值，从而保证绩效考核有效、顺畅地进行。

（1）事先防范。它主要包括明确绩效考核指标的考核细则与评分标准，明确绩效考核的依据与数据信息来源，做好绩效考核实施的培训指导等，使得企业的绩效考核工作无论是员工自评还是上级评价下级、战略委员会审核，都能够做到有的放矢。

（2）过程监督。在绩效考核实施过程中，人力资源管理部应对员工自评、上级评价、战略委员会审核的各个环节进行监督、指导，减少出现考核失真的可能。

（3）考核审核。人力资源管理部或战略委员会负有考核审核的责任，所有绩效考核结果都必须经过审核程序，防止出现考核差值过大的情况，影响绩效考核效果。

（4）差值矫正。对于已经出现的绩效考核差值，人力资源管理部应遵循差值矫正标准，依据差值矫正程序，对绩效考核结果予以矫正，并及时分析原因，采取相应的改进措施。

21.4.2 应关注的3个关键点

企业人力资源管理部在处理绩效考核差值时，尤其是矫正绩效考核差值时，务必注意以下3个关键点。

（1）处理和矫正绩效考核差值须遵守相关绩效考核制度、流程所规定的程序。

（2）处理和矫正绩效考核差值应严格按照绩效考核指标的考核细则、评分标准和相应的评审标准进行。

（3）处理和矫正绩效考核差值应强调依据，做好绩效考核依据、考核数据、信息来源的查证工作。

―基本法―

第一条　无论任何层级的绩效考核，都必须要有审核环节，该环节通常由企业人力资源管理部或战略委员会负责。

第二条　企业人力资源管理部或战略委员会要针对员工绩效考核自评与上级评价的结果差值进行审查，对于差值过大或超出正常范围的，应予以矫正。矫正的主要依据包括以下内容。

1. 考核细则及评分标准。

2. 考核评审标准。

3. 考核数据来源。

4. 实际情况反馈。

第三条　企业人力资源管理部或战略委员会在矫正绩效考核差值时，应遵循"发现差值、分析原因、寻找依据、矫正结果、审批公布"的基本程序。

第四条　考核差值的幅度，应该控制在一定范围内，且要有依据。自评者必须根据考评依据进行自我评析。

第五条　自评人员的自我打分，必须按照考核细则进行，考核数据来源应为相关部门提交的数据，而不是自己认为的数据。

第六条　自评人员的领导，必须认真检查和核对自评者的考核数据和依据。并适时进行更正。

第七条　自评人员有疑问的，应该向考核部门提问，并按照考核部门的答复自我评估，不能按照自己的想法评估。

第八条　当自评人员对考核存在有异议时，应该在考核结果完成后通过申诉的方式提出异议，并说明理由，经调查研究属实的，考核部门予以支持并修正考核结果。

考核差值分析与问题解决

第 22 章

项目绩效考核：
从两个维度进行

某企业欲设计、建立信息管理系统，总经理指定行政部、市场部2个部门分别抽调人手与外部合作的某IT公司技术人员组成项目组，任命行政副总作为项目组长，计划1年内完成这个项目。

然而该项目第1期就没有按进度计划完成，项目组成员积极性都不高，尤其是从市场部抽调的人员。面对这种情况，项目组长愁眉不展，在与项目组成员沟通后发现，大家主要是对项目绩效考核的不明确感到不满意，认为做了项目工作却没有适当的考核激励，而原部门的工作还在按原来的标准考核，项目绩效考核不合理。于是，项目组长立刻找人力资源管理部副总商议，并向总经理反映这一情况，表示要设计合适的项目考核方案。

在项目第2期开始前，企业发布了该项目的绩效考核方案，调整了参与项目人员的原绩效考核指标，增加了项目相关的考核内容，并针对项目绩效考核制定了奖惩措施。这个方案虽然还不够全面、详细，但至少解决了之前项目绩效考核办法缺失的问题。项目组成员的一些意见和问题也都得到了较好的反馈，项目顺利运行起来，最终按时完成。同时，该企业也为以后类似的跨部门合作项目的绩效考核积累了经验。

在企业绩效考核体系中，项目绩效考核属于比较特殊的一个部分，既相对独立，又与方方面面有关系、不可或缺。一般来说，企业设计项目绩效考核时，应结合项目管理的有关知识和不同项目的特点，从时间和质量这两个维度进行。

22.1 从时间维度考核

22.1.1 项目里程碑考核标准

由于企业日常管理与运营经常会采取项目制,因此绩效考核体系设计也应考虑到项目绩效考核。项目绩效考核通常按照里程碑和项目目标进行,当项目绩效考核指标与岗位关键绩效考核指标重复时,应以项目绩效考核标准细则为准,根据项目里程碑节点设计相应的考核细则或标准。如表22-1所示为某企业的项目绩效考核内容及加减分标准。

表22-1 某企业项目绩效考核内容及加减分标准

	考核项目及内容	考核奖惩标准
加分项	提前完成项目目标,且项目质量达标	每提前1周,项目经理加1~3分,项目成员加1~2分,依次累加,多个项目累加计算
	项目按期完成,项目质量达标或超出立项目标	经项目管理领导小组审批,项目经理加5分,项目成员加1~3分,多个项目累加计算
	所属项目成员本年度内成长为项目经理	原项目经理的年终绩效体现为每晋升1人加5分
减分项	不能按时提交项目阶段性总结或证实性材料	纳入月度绩效考核,每超过1天扣项目经理1分,依次累加,多个项目累加计算
	项目阶段性目标未能按期完成,包括项目到期未完工或经过验收质量不达标,需要延期或整改的	纳入月度绩效考核,每超过1天扣项目经理0.3分,扣主管领导0.1分,依次累加,多个项目累加计算
	项目没有按照项目管理流程要求开展或提报材料不完整	每出现1次,扣项目经理2分
其他	其他应纳入考核的内容	根据考核项目或内容另行确定

22.1.2 项目进度计划考核标准

项目进度控制是项目管理最重要的维度之一,因此在项目绩效考核设计中,对项目进度计划的考核也是重点内容。大多数企业在考核和把控项目时的依据都是项目进度计划。设计项目进度计划考核标准即根据项目进度计划表、项目网络计划规定的详细进度要求，制定相应的考核细则和奖惩标准。如图22-1所示为某工程项目进度计划考核细则的示例。

❶ 施工单位必须按一级网络计划的里程碑控制点组织施工，如未能保证控制点工期且无正当理由，每推迟1天，罚责任单位10 000~50 000元；如果是关键控制点工期，则每推迟1天，罚款50 000~2 000 000元

❷ 若施工单位的施工进度未满足批复的二级网络计划（施工单位制订的网络计划）的工期要求，且无正当理由，每推迟1天，罚责任单位2 000~10 000元；如影响关键控制点工期，则每推迟1天，罚款10 000~30 000元

❸ 试运期间，施工单位若不积极、不主动地在规定时间内完成消缺工作，则每项每小时罚款500~1 000元

❹ 施工单位未按要求及时上报有关工程进度的资料和报表，每项每次罚款500元；协调会上确定的分部、分项工程或零星工作，施工单位如未按期完成且无正当理由，每项每次罚款200~1 000元

❺ 对于每一个里程碑进度节点时间，每提前1天，业主方给予承包商4 000元的奖励，总的奖励金额不超过160 000元

❻ 工程参建各方要以里程碑计划为目标，项目公司、监理、总包方要加大施工组织审查力度，优化工序，跟踪每个里程碑节点，实施动态控制，抓住关键路径、关键项目，妥善处理好总体目标与单项目标、各参建方目标之间，以及项目公司内外工程之间的关系

图22-1 某工程项目进度计划考核细则示例

22.1.3 计划调整的处理标准

项目进度主管在项目进度监测过程中，若发现项目实际进度偏离计划进度，应及时上报项目经理。项目经理收到项目偏差报告后，应组织项目进度主管、项目实施人员召开项目进度会议，认真分析该项目目前的进度情况、产生偏差的原因、后续工作以及对

总工期的影响。

项目进度会议最终应拟定适当的项目调整措施或进度变更计划，具体制定步骤如图22-2所示。

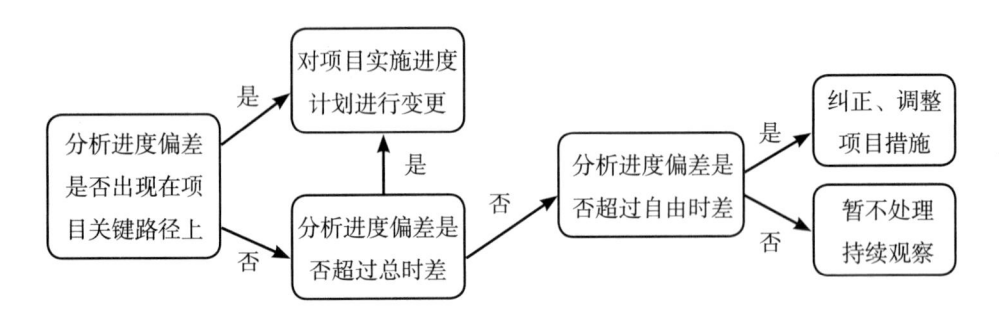

图22-2　项目调整措施或进度变更计划的制定步骤

在实施项目调整措施或进度变更计划时，应注意以下3个方面。

（1）项目调整措施须经项目经理审批通过后，方可执行。

（2）项目进度变更计划必须经项目经理审核、总经理审批通过后，方可执行。

（3）项目调整措施或进度变更计划经审批通过后，项目实施人员应遵照执行，项目进度主管继续进行监控，确保项目调整措施或进度变更计划的落实。

对确定需要进行偏差调整的工作，项目进度管理人员可从6个措施着手进行调整，具体如图22-3所示。

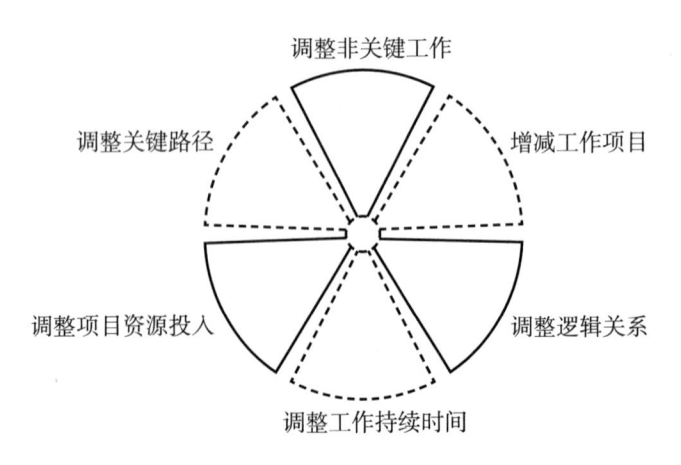

图22-3　调整项目进度偏差的措施

22.2 从质量维度考核

22.2.1 阶段成果质量考核标准

项目阶段成果既是项目验收的重要标志，也是从质量维度设计项目绩效考核的首要切入点。设计项目阶段成果的质量考核标准，主要从以下3个方面进行。

1. 明确阶段成果标志

根据项目各个阶段的计划、项目目标及成果描述，明确项目阶段的成果标志，从而设计项目阶段成果的质量考核标准。例如，某项目启动阶段的成果标志为：召开项目启动会、提交项目策划报告。那么，该项目阶段的成果质量考核标准，就要从如何评价项目启动会和项目策划报告的完成情况等方面入手。

2. 明确成果质量标准

项目绩效考核人员应根据项目阶段成果标志，明确成果的质量标准或质量目标，以此作为项目绩效考核的基准。例如，召开项目启动会这一项目阶段成果标志的质量标准，可以设定为_____月_____日前召开项目启动会，并提交项目启动会议记录，由项目经理审批通过。

3. 设计考核指标及细则

针对项目阶段成果的质量标准，项目绩效考核人员可以设计对应的绩效考核指标及考核细则，从而实施项目的质量考核。例如，召开项目启动会这一项目阶段成果的考核指标可以设计为"项目启动会完成情况"这一定性指标，考核细则可描述为：①_____月_____日前召开项目启动会，并提交项目启动会议记录，经项目经理审批通过，得满分；②项目启动会召开和会议记录提交，每拖延_____天，减_____分；③项目启动会议记录未通过项目经理审批，减_____分；④本项分数减完为止。

22.2.2 项目过程质量考核标准

除了项目阶段成果的质量需要监控考核，项目过程也需要进行质量的监控考核。设计项目过程质量考核标准，一般从3个角度进行，具体如图22-4所示。

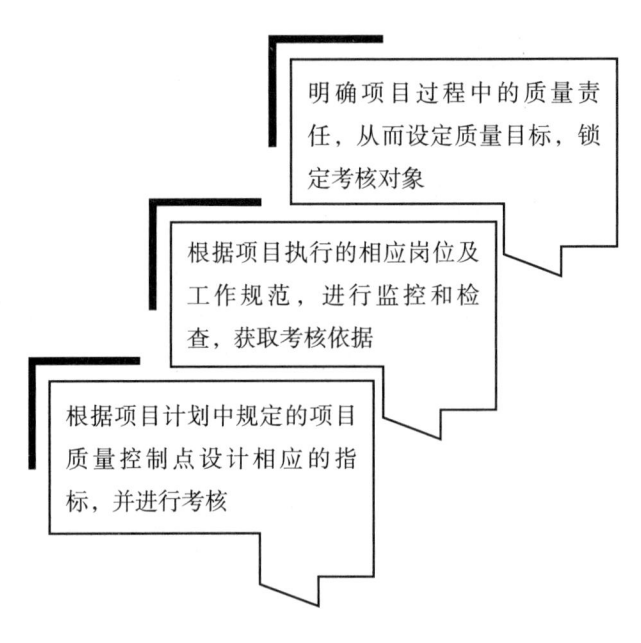

```
                                    明确项目过程中的质量责
                                    任，从而设定质量目标，锁
                                    定考核对象

                        根据项目执行的相应岗位及
                        工作规范，进行监控和检
                        查，获取考核依据

            根据项目计划中规定的项目
            质量控制点设计相应的指
            标，并进行考核
```

图22-4 项目过程质量考核标准的设计

22.2.3 考核特殊情况处理标准

在项目绩效考核中，如果出现特殊情况，应按照项目绩效考核管理办法处理。与岗位日常工作或业务相比，由于项目工作更具不确定性，因此在设计项目的绩效考核时，要充分考虑可能出现的变化与特殊情况，使项目的绩效考核更具适应性、灵活性，充分发挥绩效考核的管控作用。

项目绩效考核经常出现的变化或特殊情况主要有4种，其对应处理标准如表22-2所示。

表22-2 项目绩效考核特殊情况处理标准

序号	项目变化或特殊情况	绩效考核处理标准
1	项目计划变更	判定项目计划变更的程度，若影响项目目标，则须重新梳理设定项目目标，项目绩效考核指标和目标也随之变化，经项目经理审批通过后，方可执行
2	项目资源或环境变化	可能导致项目绩效考核数据信息来源发生变化，应重新检查绩效考核依据，以防考核结果失真

续表

序号	项目变化或特殊情况	绩效考核处理标准
3	市场或客户需求变化	判定是否影响项目目标和项目计划，若影响则项目绩效考核指标和目标也应随之变化、调整，经项目经理审批通过后执行
4	项目人员变动	重新梳理和确定项目各岗位责任人，明确项目绩效考核对象

22.3 项目绩效考核基本法

22.3.1 应明确的4个事项

项目绩效考核是企业整体绩效考核体系的一个有机组成部分，其考核标准应该与各部门、各岗位的绩效考核标准相辅相成、有效结合，从而实现企业绩效考核的全面性、系统性。

企业在设计项目绩效考核时，首先应明确如图22-5所示的4个事项，这是设计项目绩效考核的基础和依据。

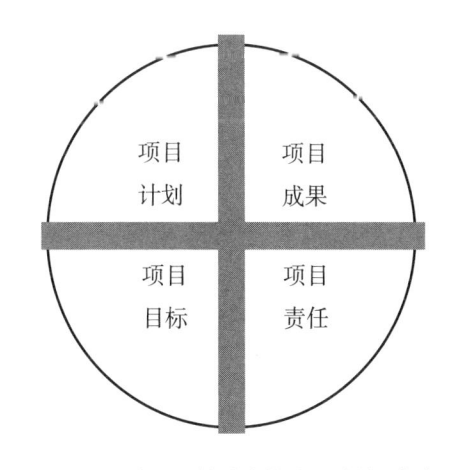

图22-5 设计项目绩效考核应明确的4个事项

22.3.2 应注意的3个关键点

除了一些特殊的行业领域，项目制运作在一般企业的经营管理中虽然经常出现，但还不是常态，其绩效考核与通常的部门及岗位绩效考核不同，有其特殊性。因此，企业在设计项目绩效考核时，应注意以下3个关键点。

（1）明确项目责任。在企业中，项目往往是阶段性的，项目团队也是临时组建的，项目成员是跨部门、跨职级的，因此在设计和实施项目绩效考核时，首先要明确项目责任（包括进度责任、质量责任、绩效考核责任、监控审批责任等），使项目成员明晰自身角色，从而保证项目绩效考核的有效性。

（2）围绕项目目标。企业采用项目制的目的是更好地完成项目目标，因此项目绩效考核的设计，包括目标制定、指标选择、标准描述，都要紧紧围绕着项目目标进行。

（3）依据项目计划。设计项目绩效考核不论从什么维度出发或运用什么方法、工具，其依据都是项目计划。项目绩效考核标准应与项目计划保持一致，否则不具有实际执行意义。

—基本法—

> 第一条　项目绩效考核设计一般从两个维度进行，一是时间维度，依据项目里程碑和项目进度计划；二是质量维度，依据项目阶段成果和项目过程监控。
> 第二条　项目绩效考核指标及标准的设计，不仅要遵循绩效考核基本法的20大标准，还应考虑项目实际情况，注意项目具有阶段性，项目团队具有临时性。
> 第三条　项目绩效考核的设计要与企业整体的部门岗位绩效考核体系相配套，不能出现重复、冲突的情况。
> 第四条　项目绩效考核要考虑到最后的完成日期，可以采用倒计时的方式和时间差的方式进行考核。
> 第五条　项目绩效考核还要考虑的流程的先后顺序。
> 第六条　项目绩效考核还要考虑部门的协同效应。
> 第七条　项目绩效考核还要考虑一些不可控的因素。